Tiere im Gartenteich

Dr. Friedrich Kögel Dr. Harald Gebhardt Dr. Mario Ludwig

Tiere im Gartenteich

Beobachten

Erkennen

Ansiedeln

blv

Inhalt

Rund um den Gartenteich

Ein Gartenteich bietet geradezu ideale Möglichkeiten, vielfältige und interessante Naturbeobachtungen zu machen. Untersuchungen und Erfahrungen belegen, dass der Aufenthalt in der Natur mit »offenen Sinnen«, die Beschäftigung mit Tieren und Pflanzen hilft, Alltagsstress abzubauen, das Wohlbefinden sowie körperliche und geistige Fitness steigert. Dieses Buch zeigt Ihnen, was für »Wunder« sich in einem Gartenteich verbergen können.

In unserer ausgeräumten und versiegelten Kulturlandschaft finden die Wildpflanzen und -tiere immer weniger geeignete Refugien zum Überleben. Heute ist die Artendichte in Dörfern und Städten (Ausnahme: Innenstädte ohne Grünanlagen) deutlich höher als auf einer beliebigen Feldflur. Und gerade Gartenteiche mit vielfältigem Lebensraumangebot für unterschiedliche Arten stellen wertvolle »Trittsteine« dar, um die notwendige Vernetzung der Lebensräume zu gewährleisten. Denn ebenso wie in Ihren Gartenteich nur Arten einwandern können, die genügend nah noch vorkommen, können auch Gartenteiche Keimzellen für eine Besiedlung neuer »natürlicher« Gewässer sein.
Dieses Buch ist in 3 Teile gegliedert. Zunächst erfahren Sie einiges über die Gestaltung eines Gartenteichs, die wichtigsten Lebensbereiche sowie typische, für den Gartenteich geeignete Pflanzen, aber auch, welche Probleme es geben und wie man planend und lenkend ökologisch sinnvoll eingreifen kann. Eine Bauanleitung will dieses Buch nicht sein.
Der zweite, umfangreichste Teil ist den Tieren im Gartenteich gewidmet. Natürlich können auch in diesem Buch nicht alle Arten vorgestellt werden. Die Gliederung folgt deshalb zunächst den großen systematischen Gruppen der Zoologie, sodass Sie zu allen relevanten Bewohnern (also solche, die häufiger vorkommen und ohne größeren Aufwand wie z. B. ein Mikroskop entdeckt werden können) Ihres Gartenteichs Interessantes erfahren. Eine »Artengalerie«, also die Vorstellung wichtiger Arten schließt sich immer dann an, wenn diese relativ leicht und sicher anhand von Foto und Text identifiziert werden können. Deshalb finden Sie die wichtigen Fisch-, Amphibien-, Libellen- oder Käferarten vorgestellt, aber nur ein typisches Beispiel für Wasserflöhe, Eintagsfliegen oder Wassermilben, weil deren exakte Bestimmung spezielle Präparationen erfordert.
Insbesondere werden die Arten vorgestellt, die natürlicherweise in Mitteleuropa in Gartenteichen zu erwarten sind. Daneben werden aber auch Arten erwähnt oder beschrieben, die vom Fachhandel für Gartenteiche angeboten werden, etwa Goldfische oder Kois.
Im letzten Teil des Buches geht es um Anpassungen der Tiere an die Jahreszeiten und wichtige Pflegemaßnahmen, die Sie im Laufe eines Jahres durchführen sollten.
Überall im Buch stehen der praktische Bezug, die Anregung zu eigenen Beobachtungen und der Verweis auf ökologische Zusammenhänge, also die vielfältigen Wechselbeziehungen in der Natur, im Mittelpunkt der Betrachtungen. Besonders interessante oder einfach nachvollziehbare »Tipps« haben wir in einem farbigen Kasten mit Froschsymbol neben den Fließtext gestellt.

◀ Ein Gartenteich ist Zierde, Erholungsgebiet und Lebensraum gleichermaßen.

Der Gartenteich muss sich entwickeln

Einen Gartenteich zu planen und zu bauen ist für jeden begeisterten Natur- und Gartenliebhaber eine interessante Herausforderung. Doch wenn die Erdarbeiten abgeschlossen sind, die Teichfolie ausgelegt, der Teichboden mit Kies bestückt und der Teich dann endlich auch mit Wasser befüllt ist, tritt meist Ernüchterung ein. Der Gartenteich sieht steril aus, wirkt irgendwie tot und erinnert eher an eine Baugrube. Der Teich hat jetzt so gar nichts gemeinsam mit dem geplanten gärtnerische Kleinod mit üppigen Uferpflanzen, blühenden Seerosen, quakenden Amphibien und surrenden Libellen. Jetzt ist beim Teichbesitzer Geduld gefordert, denn ein Gartenteich muss sich, genau wie ein Teich in der freien Natur, entwickeln – Pflanzen und Tiere müssen von ihm erst Besitz ergreifen.

Diesen Vorgang kann man jedoch beschleunigen: Durch so genannte »Initialpflanzungen« können Sie der Teichvegetation auf die Sprünge helfen. Diese reichen aus, dass sich im Laufe der Zeit jeweils standortgemäße Pflanzengesellschaften von selbst entwickeln. Es genügt im Allgemeinen, pro Quadratmeter höchstens 2–3 Pflanzen einzusetzen. Röhrichtpflanzen müssen im Uferbereich des Teiches eingepflanzt werden.

Bei der Ufergestaltung sollten Sie berücksichtigen, dass hohe Pflanzen wie z. B. Schilf oder Rohrkolben in den Hintergrund gehören. Legen Sie eine schmale, aber umfassende Röhrichtzone an, kann der Gartenteich vom Rand her langsam zuwachsen und die Wasserfläche ist nicht mehr gut einzusehen. Es ist daher besser, eine ausgeprägte Röhrichtzone, die etwa ein Drittel der Teichoberfläche einnimmt, in den Hintergrund des Gartenteiches zu legen. Unterwasserpflanzen werden in Töpfe gesetzt. Die Ansiedlung von Schwimmblattpflanzen im Gartenteich ist sehr einfach: Man setzt die frei schwimmenden Arten einfach ins Wasser und überlässt sie sich selbst. Schon bald fangen sie an zu wachsen und sich durch Seitensprosse zu vermehren.

Wie schnell ein Gartenteich von den unterschiedlichen Tierarten besiedelt wird, hängt vor allem von seiner Lage ab. Wohnt man mitten in der Großstadt, muss man sehr wahrscheinlich vergeblich auf ein Froschkonzert im eigenen Garten warten. Ist der Garten jedoch am Ortsrand gelegen und grenzt an sich anschließende Gräben, Wiesen und Weiden, ist mit einem schnellen Zuzug von Amphibien zu rechnen.

Gerade als Ausweichquartiere für verlorengegangene natürliche Biotope werden Gartenteiche gerne von den verschiedensten Amphibien in Besitz genommen. Aber auch Stadtmenschen müssen nicht auf tierischen Zuzug an ihrem Gartenteich verzichten: Viele Wasserinsekten wie Libellen, Wasserwanzen und Wasserkäfer sind ganz ausgezeichnete Flieger und können so auch größere Distanzen zwischen natürlichem Lebensraum und Gartenteich leicht überbrücken. Ein zweiter ganz wesentlicher

Es gibt einen Trick, die Besiedlung Ihres Gartenteichs zu beschleunigen: Dazu genügt es, mit einem Planktonnetz einige Streifzüge in einem vergleichbaren natürlichen Gewässer zu machen, um ein Konzentrat der Kleinlebewelt zu erhalten, mit dem sie dann den eigenen Gartenteich »animpfen«. So entsteht rasch eine Planktonfauna, die als begehrte Nahrungsquelle auch bald größere Tiere wie z. B. Wasserinsekten anlockt.

Faktor für die Besiedlung eines Gartenteichs ist die Art und der Umfang seiner Bepflanzung. Je höher die Vielfalt an heimischen Pflanzenarten in und an einem Gartenteich ist, desto größer ist seine Attraktivität und damit auch die Wahrscheinlichkeit, dass möglichst viele unterschiedliche Tierarten diesen künstlichen Lebensraum als Versteck, zum Nahrungserwerb oder zur Eiablage nutzen.
Beim Einsetzen der Pflanzen werden oft bereits anheftende Kleinlebewesen wie Schnecken oder Würmer, aber auch Algen in den Gartenteich eingebracht. Bei der Besiedlung des Gartenteiches spielen auch Wasservögel eine Rolle, die bei einem Besuch in ihrem Gefieder oder an ihren Beinen oft Wassertiere oder deren Dauer- bzw. Entwicklungsstadien in den Teich einschleppen.

Am Beginn der Anlage eines Gartenteichs stehen die Erdarbeiten und – wenn man sich für diese Lösung entscheidet – das Auslegen der Folie (Foto oben).
Wenn die Arbeiten endlich abgeschlossen sind, bietet der Teich leider noch nicht den gewünschten Anblick, denn Pflanzen und Tiere müssen erst noch Besitz von ihm ergreifen (Foto Mitte).
Das Foto unten zeigt den gleichen Teich wie die oberen beiden Bilder, nachdem er mehrere Jahr »einwachsen« konnte.

Pflanzen: Vielfalt auf kleinem Raum

Das Erscheinungsbild eines Gartenteichs wird zweifellos wesentlich durch die dort wachsenden Pflanzen bestimmt, denn seine eigentliche Schönheit gewinnt der Teich erst durch eine vielseitige Bepflanzung in, auf, und neben dem Wasser.
Es ist nicht ganz einfach, Gartenteiche so anzulegen, dass sie sich zu stimmigen Kleinoden im Garten entwickeln. Nur die nötige Kenntnis von Standort- und Lebensansprüchen der Wasserpflanzen, Vernunft und auch ein großes Maß an Selbstbeherrschung werden Sie nämlich davor bewahren, überfrachtete und verfremdete Pflanzengesellschaften zur Schau zu stellen, die zudem noch für die heimischen Tiere von keinem oder höchstens geringem Nutzen sind. Mit einem breiten, aber ausgewogenen Spektrum an heimischen Wasserpflanzen ist es jedoch möglich, höchst attraktive Gartenteiche zu gestalten und gleichzeitig einen Gewinn an Naturnähe zu erzielen, von dem gleichzeitig auch viele Tierarten in besonderem Maße profitieren. Es ist jedoch durchaus nicht verwerflich, auch einmal eine prächtige exotische Wasserpflanze als extravaganten »Farbtupfer« in die heimische Pflanzenwelt des Gartenteichs einzustreuen. Sie sollten es aber bei Einzelpflanzen belassen und solche Pflanzen bevorzugen, deren Nektar und Pollen für die heimischen Insektenarten von Interesse sind.
Besonders bei kleineren Gartenteichen hat man die Qual der Wahl, denn dort können aus der großen Artenpalette nur wenige Pflanzen zur Gestaltung verwendet werden. Aber auch solche Teiche können durchaus naturnah gestaltet werden. Von der Optik her etwas bescheidener, sind auch sie wichtige Trittsteine für den Artenschutz der heimischen Stillgewässer. Der Fachhandel bietet für kleinere Gartenteiche Zwergformen (S. 15) sonst sehr hoch- und weitwüchsiger Wasserpflanzen an. Dadurch sollte man sich jedoch nicht verleiten lassen, seinen Gartenteich zu einem naturfernen »Bonsai-Biotop« verkommen zu lassen.
Wasserpflanzen dürfen nach dem Naturschutz nicht aus der freien Natur entnommen werden. Alle

Naturnaher Gartenteich mit unterschiedlichen Pflanzzonen.

Ein Gartenteich mit seiner unterschiedlichen Zonierung bietet die Möglichkeit ganz verschiedene Pflanzenarten mit ganz unterschiedlichen Lebens- und Standortansprüchen anzusiedeln – je nach Wassertiefe und Bodensubstrat.

Arten können aber im Fachhandel oder von anderen Teichbesitzern erworben werden. Sowohl in den natürlichen Stillgewässern als auch im Gartenteich ist die Vegetation in 3 aufeinander folgende typische Zonen gegliedert: Von der Gewässermitte zum Ufer hin folgen der Zone der Unterwasserpflanzen eine Schwimmblattpflanzenzone und eine Röhrichtzone.
In der **Unterwasserpflanzenzone** leben die Pflanzen in größerer Tiefe (ab 60 cm) völlig untergetaucht. Nur zur Blütezeit ragen die meisten Blüten mehr oder weniger aus dem Wasser. An untergetauchten Pflanzen sind u. a. folgende für den Gartenteich geeignet: das Ährige Tausendblatt *(Myriophyllum spicatum)*, die Kanadische Wasserpest *(Elodea canadensis)*, das Hornkraut *(Ceratophyllum demersum)*, die Wasserfeder *(Hottonia palustris)*, der Wasserhahnenfuß *(Ranunculus aquatilis)* und der Gewöhnliche Wasserstern *(Callitriche palustris)*.
An die Unterwasserpflanzen schließt sich die Zone der **Schwimmblattpflanzen** an.
Schwimmblattpflanzen, die entweder frei schwimmen wie z. B. die Wasserlinsen oder wurzeln wie z. B. die Seerosen, sind durch ihre auf dem Wasser schwimmenden Blätter gekennzeichnet. Zu den heimischen und für den Gartenteich geeigneten Schwimmblattpflanzen zählen: die Weiße Seerose *(Nymphaea alba)*, die Gelbe Teichrose *(Nuphar lutea)*, die Seekanne *(Nymphoides peltata)*, der Gewöhnliche Froschbiss *(Hydrocharis morsus-ranae)*, die Krebsschere *(Stratiotes aloides)*, die Laichkräuter *(Potamogeton*-Arten) und die Kleine Wasserlinse *(Lemna minor)*.
Die **Röhrichtzone** ist ein ganzjährig mit Wasser gesättigter Bereich zwischen Flachwasser und bodenfeuchter Randzone.

Auch kleine Gartenteiche können Lebensraum für viele Tier- und Pflanzenarten bieten.

Hier gedeihen Pflanzen, die eine Wassertiefe von bis zu 20 cm bevorzugen. Typische Röhrichtpflanzen, die auch im Gartenteich angepflanzt werden können, sind u. a.: das Schilfrohr *(Phragmites australis)*, der Breitblättrige Rohrkolben *(Typha latifolia)*, der Schmalblättrige Rohrkolben *(Typha angustifolia)*, der Ästige Igelkolben *(Sparganium erectum)*, der Gewöhnliche Froschlöffel *(Alisma plantago-aquatica)*, das Pfeilkraut *(Sagittaria sagittifolia)* sowie verschiedene Vertreter der Binsen *(Juncus)* und der Seggen *(Carex)*.

Dschungel am Gewässerrand

Die Röhrichtzone ist der Flachwasserbereich des Gartenteiches. In der Röhrichtzone von natürlichen Gewässern ist das Schilfrohr *(Phragmites australis)* die dominierende Pflanze. Das bis zu 4 m hohe Süßgras bildet bis zu 10 m lange Ausläufer und kann deshalb dichte, undurchdringliche Bestände bilden, die an einen tropischen Bambusdschungel erinnern. Wer einen Folienteich besitzt, sollte auf Schilf im Gartenteich verzichten, da es zu sehr wuchert und die Teichfolie mit seinen spitzen Pfahlwurzeln zerstören kann. Ein Gartenteich ohne Rohrkolben ist eigentlich unvorstellbar. Charakteristisch für diese hochwüchsigen Gräser sind die weiblichen Blüten, die nach der Befruchtung den typischen dicken Kolben ausbilden, der früher scherzhaft als »Kanonenrohrputzer« bezeichnet wurde. Aber Vorsicht ist geboten: Sowohl der Breitblättrige Rohrkolben *(Typha latifolia)* als auch der Schmalblättrige Rohrkolben *(Typha angustifolia)* sind wilde

Der Schilfgürtel ist sowohl über als auch unter der Wasseroberfläche ein wichtiger Lebensraum für viele Tierarten.

Der Breitblättrige Rohrkolben ist eine typische Röhrichtpflanze.

Wucherer und tragen zur Verlandung von Gewässern bei. Daher sind sie nur für größere Gartenteiche geeignet.
Eine weitere attraktive Röhrichtpflanze ist der Ästige Igelkolben *(Sparganium erectum)*, der durch seine igelartigen, kugelförmigen Früchte, die bis zum Winter an den Stielen bleiben, auffällt. Wer Binsen *(Juncus)* liebt, hat die Wahl unter vielen verschiedenen Arten. Für kleine Teiche kann man auf die Zwergbinse *(Juncus ensifolius)* zurückgreifen. Zurückhaltung ist bei Seggen *(Carex)* und Simsen *(Scirpus)* geboten, die stark wuchern und deshalb für kleine Teiche wenig geeignet sind.
Aber nicht nur Gräser, sondern auch viele farbenfrohe Blütenpflanzen mit attraktiven Blüten, z. B. der in weiß-rosa Rispen blühende Gewöhnliche Froschlöffel *(Alisma plantago-aquatica)*, das Pfeilkraut *(Sagittaria sagittifolia)* mit seinen pfeilförmigen Luftblättern die herrlich gelb blühende Wasser-Schwertlilie *(Iris pseudacorus)* und viele weitere sind typische Arten des Flachwasserbereiches.
Das Röhricht ist aber auch ein wichtiger Lebensraum für zahlreiche Tierarten. Während über der Wasseroberfläche viele Insektenarten auf, zwischen und sogar innerhalb der Pflanzen leben oder Spinnen ihre Netze zwischen den Halmen spannen, weiden unterhalb des Wasserspiegels Schnecken den Algenbelag, der die Pflanzen überzieht, ab. Fische und Amphibien nutzen die Röhrichtbestände als Nahrungs-, Ruhe- und Versteckplatz. Zusätzlich bietet das Röhricht vielen Fischarten günstige Laichplätze und dient der Fischbrut als »Kinderstube«. Auch eine ganze Reihe von Vögeln nutzt den »Lebensraum Röhricht«, was sich auch in Namen wie Rohrdommel, Rohrweihe oder Schilfsrohrsänger ausdrückt. Natürlich wird man in der eher bescheidenen Röhrichtzone des Gartenteichs nicht die gleiche Artenzahl wie in der oft riesigen Schilfzone eines großen Sees erwarten können. Es ist jedoch durchaus wahrscheinlich, dass sich die eine oder andere ganz charakteristische Tierart einstellt und den »Miniaturlebensraum« am Gartenteich nutzt.

Viele Röhrichtpflanzen verfügen über Wurzelstöcke (Rhizome) mit denen sie sich stark ausbreiten. Das führt oft zu dichten gemeinsamen Wurzelfilzen, die nur als Ganzes aus dem Gartenteich entfernt werden können. Wenn Sie Ihren Teich nicht alle paar Jahre komplett ausräumen wollen, sollten sie, um ein Ausbreiten zu verhindern, die Röhrichtpflanzen – und hier besonders die Gräser – besser in Gefäße oder Container pflanzen. Wenn die Rhizome über den Rand der Gefäße wachsen, können sie ohne Probleme mit der Schere abgeschnitten werden. Alternativ können Sie die Pflanzen aber auch in einem durch Wachstumsbegrenzungen gesicherten Extra-Bereich direkt in der Erde anpflanzen. Mit der Zeit werden die für diesen Bereich am besten angepassten Arten die Oberhand gewinnen und weniger geeignete Pflanzen verdrängen. Die im Handel erhältlichen Fertigbecken verfügen meist bereits über einen Rand, der für die Röhrichtzone vorgesehen ist.

Schwimmblattpflanzen

Zu einem richtigen Gartenteich gehören natürlich auch verschiedene Schwimmblattpflanzen. Charakteristisch für diese Pflanzen ist es, dass ihre Blätter auf dem Wasser liegen. Einige Arten können dazu sehr lange Blattstiele entwickeln, um vom oft in mehr als 1 m Tiefe liegenden Wurzelbereich ans Sonnenlicht zu kommen. Viele kleinblättrige Schwimmblattarten haben den Kontakt zum Boden aufgegeben; ihre reduzierten Wurzeln hängen frei im Wasser. Zu den Schwimmblattpflanzen gehören sehr attraktive Arten, wie z. B. die Weiße Seerose *(Nymphaea alba)* mit z. T. sehr großen Blättern und Blüten.

Manche Schwimmblattpflanzen wie z. B. die Kleine Wasserlinse *(Lemna minor)* können in überdüngtem Wasser stark wuchern (S. 16). So entstehen oft ganze Pflanzenmatten, die die Teichoberfläche mit Blättern überziehen. Schwimmblattpflanzen entnehmen alle Nährstoffe, die sie zum Leben brauchen, dem Wasser. Dadurch reduzieren sie bei Überdüngung auch den Nährstoffgehalt im Teich. In Zusammenarbeit mit den Unterwasserpflanzen können die Schwimmblattpflanzen daher merklich zur Reduzierung der unerwünschten Algen beitragen (S. 25), da sie auch noch zusätzlich durch Beschattung den Algen das für die Fotosynthese wichtige Tageslicht entziehen. Unter und zwischen den Schwimmblattpflanzen verstecken sich Frösche, Jungfische und Insektenlarven. Manche Tiere verbringen ihr ganzes Leben an der Unterseite der Blätter. Regelmäßig findet man

Die Weiße Seerose ist der Star unter den Schwimmblattpflanzen und eine Zierde für jeden Gartenteich.

Die Blüten der Gelben Teichrose sind kleiner und ragen weiter aus dem Wasser als die der Seerosen.

auch Eier oder Laichpakete angeheftet (Laichkräuter). Die Schwimmblätter sind auch Landeplatz für trinkende Fluginsekten.

Die Weiße Seerose ist aufgrund ihrer prächtigen Blüten die Königin unter den Schwimmblattpflanzen und schmückt nahezu jeden Gartenteich. Die bis zu 12 cm großen weißen Blüten sind lang gestielt und schwimmen auf der Wasseroberfläche. Die Blüten öffnen sich nur von ca. 7–16 Uhr und schließen sich dann erstaunlich schnell. Blütezeit ist von Juni bis Oktober. Die großen, ledrigen Schwimmblätter befinden sich an bis zu 3 m langen, fingerdicken Blattstielen. Im Handel gibt es über 150 verschiedene Zuchtformen der Seerose zu kaufen, deren Farben alle Nuancen von weiß über gelb bis rot umfassen. Für ganz kleine Teiche wurden Zwergseerosen gezüchtet, deren Blüten weniger als 4 cm Durchmesser haben und die bereits mit einer Wassertiefe von 20 cm auskommen.

Die Gelbe Teichrose oder Mummel *(Nuphar lutea)*, eines unserer häufigsten Seerosengewächse, ist für kleinere Gartenteiche weniger geeignet, da die Blätter bis zu 40 cm lang und 30 cm breit werden können. Aber auch für kleine Gewässer gibt es mit der Zwerg-Teichrose *(Nuphar pumila)* eine geeignete »Miniaturausgabe«.

Die Krebsschere *(Stratiotes aloides)* ist mit ihren großen weißen Blüten ebenfalls eine sehr dekorative Pflanze. Ihre Blattrosetten aus den stachelig gesägten Blättern können einen Durchmesser von bis zu 80 cm erreichen. Sie ist deshalb ebenfalls nur für größere Teiche geeignet. Der Froschbiss *(Hydrocharis morsus-ranae)* ist eine frei schwimmende Schwimmblattpflanze, die jedoch in Ufernähe manchmal ihre Wurzeln im Teichboden verankert. Die zarten weißen Blüten beginnen ab Juni zu blühen.

Die Seekanne *(Nymphoides peltata)*, eine Pflanze die in der heimischen Natur selten geworden ist, erinnert im Aussehen an die Gelbe Teichrose und hat ebenfalls einen starken Ausbreitungsdrang. Die Kelchblätter der Wassernuss *(Trapa natans)* wachsen nach der Blütezeit zu starren, gekrümmten Dornen aus, die die charakteristische Steinfrucht einschließen.

Wasserlinsen

Der Teich ist ein einziger grüner Teppich – Wasserlinsen, im Volksmund auch Entengrütze genannt, haben ihn zugewuchert. Was für den Naturliebhaber ein romantisches Bild abgibt, ist für den Gartenteichbesitzer ein einziges Ärgernis, denn Wasserlinsen breiten sich schnell über die gesamte Wasseroberfläche aus. Dadurch nehmen sie den Unterwasserpflanzen das Licht und vermindern den Gasaustausch. Als Folge davon kann ein Großteil des tierischen und pflanzlichen Lebens im Teich verkümmern oder absterben. Auf der anderen Seite nehmen die Wasserlinsen aber auch den unerwünschten Algen das Licht und hemmen dadurch deren Wachstum.

Wasserlinsen können Teppiche bilden, die den Teich fast vollständig bedecken.

Die einfachste Möglichkeit Wasserlinsen zu entfernen, besteht darin, sie in regelmäßigen Abständen mit einem Kescher abzufischen und sie auf den Kompost zu geben. Da Teichlinsen auch Nährstoffe binden und damit die Wasserqualität verbessern, sollte man einen Teil der Pflanzen im Wasser belassen.

Wasserlinsen – es gibt verschiedene Arten – gehören zu den kleinsten Blütenpflanzen der Welt. Am häufigsten im Teich zu finden ist die Kleine Wasserlinse *(Lemna minor)*. Die typische Stillgewässerart hat in Anpassung an das Wasserleben Stängel, Blätter und Blüten extrem zurückgebildet und lässt sich von Aussehen und Funktion her am besten mit einer Boje vergleichen: Sie besteht aus einem »Schwimmkörper«, dem nur wenige Millimeter großen Blatt, und einem ins Wasser ragenden Wurzelfaden. Die winzigen Blüten erscheinen (selten!) von Juni bis August.

Die Vermehrung von Wasserlin-

sen in einem nährstoffreichen Teich erfolgt oft regelrecht explosionsartig: Sie breiten sich durch Tochtersprosse so rasch aus, dass in kürzester Zeit ein dichter, zusammenhängender Teppich entsteht. Die extrem schnell wachsende Mini-Pflanze kann so innerhalb von 24 Stunden ihre Biomasse nahezu verdoppeln.
Meist werden Wasserlinsen (und andere Arten) beim Einrichten eines Gartenteiches eingeschleppt, da sie an den eingesetzten Wasserpflanzen haften. Wasserlinsen verfangen sich jedoch auch leicht an den Füßen und im Gefieder von Enten und anderen Wasservögeln und können so per »Luftpost« auch bereits länger bestehende Teiche besiedeln.

Pflanzen unter Wasser

Die Unterwasserpflanzen haben sich durch eine Reihe von Veränderungen mehr oder weniger an den Lebensraum Wasser angepasst. Dazu haben sie neben ihrem Gewebebau, den Blattformen und Wurzeln auch ihre Atmung, die Nährstoffaufnahme und sogar ihre Befruchtung verändert. Die Stängel und Blätter der Unterwasserpflanzen sind weich und von Luftkanälen durchzogen und, da sie vom Wasser getragen und gestützt werden, nicht wie bei den Landpflanzen durch ein Stützgewebe gefestigt. Dies wird deutlich, wenn man eine Unterwasserpflanze aus dem Wasser nimmt und diese sofort einknickt und regelrecht in sich zusammenfällt.
Unterwasserpflanzen nehmen ihre Nährstoffe nicht wie die Landpflanzen mit den Wurzeln, sondern mit der gesamten Oberfläche der Unterwasserblätter auf, da die benötigten Mineralien ja gelöst im Wasser vorliegen. Der Gas-, Wasser- und Nährstoffaustausch wird durch extrem dünne Zellwände erleichtert.
Die Unterwasserblätter sind entweder groß oder fadenförmig-fiederartig zerteilt. Dadurch wird die Oberfläche der meist zarten und dünnwandigen Blätter vergrößert, wodurch mehr Stoffe aus dem Wasser aufgenommen werden können.
Manche Arten wie z. B. der Wasserhahnenfuß *(Ranunculus aquatilis)* bilden neben den Unterwasserblättern auch Schwimmblätter aus. Diese Blätter unterscheiden sich in Bau und Funktion deutlich von den Unterwasserblättern und ähneln eher den Blättern von Landpflanzen. Die Schwimmblätter (auch anderer Arten) haben luftgefüllte Zwischenräume, damit sie nicht absinken. Die Spaltöffnungen für die Atmung liegen nur auf der Blattoberseite und sind mit den Luftkanälen verbunden. Die Wurzeln dienen nur der Verankerung im Grund. Einige Unterwasserpflanzen wie z. B. das Hornkraut *(Ceratophyllum demersum)* bilden überhaupt keine Wurzeln mehr aus – sie treiben frei umher.
Die meisten Unterwasserpflanzen bilden Blüten aus, die auf dem Wasser liegen. Eine Bestäubung erfolgt dann wie bei den Blütenpflanzen an Land durch Insekten oder den Wind. Eine geringe Anzahl von Wasserpflanzen mit völlig untergetauchten Blüten ist jedoch auf eine »Unterwasserbestäubung« angewiesen – der Pollen schwebt durch Wasserbewegungen von der männlichen zur weiblichen Blüte. Zusätzlich können sich viele Unterwasserpflanzen noch ungeschlechtlich durch Bildung von Ausläufern oder Abtrennung von Sprossteilen vermehren.
Auf diese Weise konnte sich die Kanadische Wasserpest *(Elodea canadensis)*, die im 19. Jahrhundert aus Nordamerika bei uns eingeschleppt wurde, innerhalb kürzester Zeit über ganz Europa

mit zum Teil verheerenden Folgen ausbreiten. Im Gartenteich muss die Pflanze mit dem ungeheuren Vermehrungspotenzial regelmäßig zurückgeschnitten werden, damit sie nicht ihrem deutschen Namen »Wasserpest« entsprechend die übrigen Unterwasserpflanzen verdrängen kann.
Andere Unterwasserpflanzen sind da für den Gartenteich deutlich besser geeignet: Die weiß oder rötlich blühende Wasserfeder *(Hottonia palustris)*, deren Traubenblüten sich weit über den Wasserspiegel erheben, gehört sicherlich zu den schönsten Wasserpflanzen. Das Ähren-Tausendblatt *(Myriophyllum spicatum)* ist dagegen eher eine nützliche als eine schöne Unterwasserpflanze: Es kommt nur mit einer winzigen Blütenähre über die Wasseroberfläche, ist aber ein richtig guter Sauerstofferzeuger. Der Frühlingswasserstern *(Callitriche palustris)* ist auch für kleinere Teiche geeignet.
Unterwasserpflanzen erfüllen 3 äußerst wichtige Funktionen im Gartenteich:
1. Sie bieten den Fischen, Amphibien, Insekten und anderen Teichbewohnern Versteck-, Ruhe-, Schatten und auch Laichplätze.

Beim Ährigen Tausendblatt ragen die Blütenstände weit aus dem Wasser. Die roten männlichen Blüten sitzen oberhalb der unscheinbaren weiblichen.

Das Hornblatt ist eine Unterwasserpflanze ohne Wurzeln.

2. Sie sind die Haupterzeuger von Sauerstoff im Gartenteich und wirken wie eine natürliche Belüftung. Wen man genau hinsieht, entdeckt man bei intensiver Sonneneinstrahlung winzige Sauerstoffbläschen, die von den Blättern aufsteigen.
3. Sie filtern Schweb- und Nährstoffe aus dem Wasser, sorgen so für klares Wasser und beugen Faulschlammbildung vor (S. 27). Gleichzeitig hindern sie die Algen, mit denen sie um die Nährstoffe konkurrieren, an der Vermehrung und weiteren Ausbreitung und verdrängen sie letztendlich.

Kauf und Einsetzen von Tieren

Ist der Gartenteich mit Wasser befüllt und bepflanzt, stellt sich die Frage, wie man diesen Biotop jetzt mit interessanten Tierarten beleben kann. Der naheliegende Griff in das wohlgefüllte Füllhorn der Natur ist allerdings nicht erlaubt. Viele Arten stehen unter Schutz und dürfen nicht aus der Natur entnommen werden (vgl. S. 20). Doch nur Geduld, einige Arten stellen sich – meist unbemerkt vom Gartenteichbesitzer – schon recht früh ein. Denn eine Vielzahl von Tieren wird bei zusagenden ökologischen Gegebenheiten angelockt.

Etliche Tierarten gelangen insbesondere mit dem Einbringen von Wasserpflanzen – quasi als Mitreisende im Huckepack-Verfahren – in den Teich. Besonders gut funktioniert dies bei wirbellosen Wassertie-ren wie Planktonorganismen, Schnecken, Spinnen, Insekten.

Nur wenige Gartenteichbesitzer werden das Glück haben, dass Amphibien oder gar Reptilien zuwandern. Natürlich hängt eine Zuwanderung in erster Linie davon ab, ob diese Tierarten in der Umgebung natürlicherweise vorkommen und ob sie in unserem Lebensraum aus »zweiter Hand« geeignete Bedingungen antreffen.

Bei Fischen ist eine Zuwanderung bis auf Einzelfälle (z. B. Anbindung des Gartenteiches an ein Naturgewässer mit Fischbesatz) ausgeschlossen. Apropos Fische! Vor dem Einsetzen von Fischen muss man sich entscheiden, welchen Gartenteichtyp man haben möchte. Einen **Amphibienteich** mit reichhaltiger Insektenwelt wie Libellen, Wasserläufern und Wasserkäfern oder einen **Fischteich.** Denn Fische und Amphibien schließen sich im Gartenteich weitgehend aus. Nur wenige Fischarten wie z. B. das Moderlieschen *(Leucaspius delineatus)* und der Bitterling *(Rhodeus sericeus armarus)* leben mit Amphibien in friedlicher Koexistens. Für viele Fische stellen Amphibienlarven wahre Leckerbissen dar. Auch andere Wassertiere, vor allem Insekten und deren Larven, werden durch den Fraßdruck der Fische dezimiert. Natürlich hängt dies von der Größe und Struktur unseres Gartenteiches, vom Vorhandensein pflanzenreicher Flachwasserbereiche mit Versteckplätzen und vor allem von der Anzahl und Art der eingebrachten Fische ab. Darüber hinaus gilt es zu überlegen, welche Tierarten sich aufgrund der Teichgröße und der ökologischen Gegebenheiten ansiedeln lassen. Für die Anzahl

So weit können die verschiedenen Amphibienarten wandern.

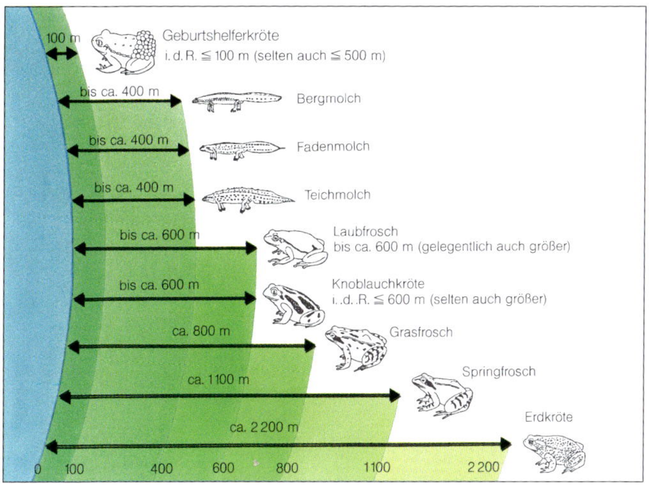

von Fischen gibt es einen groben Richtwert, den man einhalten sollte. Man rechnet pro Fisch bis 10 cm Länge 50 Liter Wasser, für größer werdende Fische 500 Liter Wasser.

Hat man sich über Besatzzeitpunkt, Anzahl, Artenzusammensetzung und Lebensraumansprüche der zukünftigen Pfleglinge Klarheit verschafft, kann man an den Erwerb der gewünschten Tiere denken. Nicht einheimische Tiere, die auch im Zoohandel angeboten werden, sollte man keinesfalls in den Gartenteich einsetzen. Diese Arten wandern zuweilen aus unserem Gartenteich in die freie Natur ab und verdrängen dort einheimische Arten. Ein bekanntes Beispiel ist der aus Amerika stammende Ochsenfrosch (in den Rheinauen bei Karlsruhe). Aber auch der amerikanische Tigersalamander *(Ambystoma tigrinus)*, die Chinesische Rotbauchunke *(Bombina orientalis)*, Larven einer nordamerikanischen Laubfroschart *(Hyla regilla)* sowie Exemplare des Axolotls *(Ambystoma mexicanum)* konnten in der freien Natur schon nachgewiesen werden. Darüber hinaus bevölkern Rotwangen- *(Trachemys scripta elegans)* und Gelbwangen-Schmuckschildkröten *(Trachemys scripta scripta)* inzwischen Parkteiche und Naturgewässer. Beim Kauf ist darauf zu achten, dass die Tiere keine erkennbaren Krankheiten oder Verletzungen aufweisen, um dem Einschleppen von Krankheiten vorzubeugen. Der Transport der Tiere muss so schonend wie möglich verlaufen. Zu Hause angekommen, gewährt man den Tieren Zeit, sich an den neuen Lebensraum zu gewöhnen. Amphibien und Reptilien setzt man am besten im geöffneten Transportgefäß an eine geschützte Stelle in den Uferbereich, sodass sie nach einiger Zeit selbst den Weg in die Freiheit suchen können. Fische gibt man zunächst in ein abgedecktes, belüftetes Gefäß und gewöhnt sie durch langsame Zugabe von Teichwasser an die Wasserbeschaffenheit (Eingewöhnungszeit nicht unter 1 Stunde!). Beachtet man die genannten Grundregeln werden sich die Pfleglinge rasch einleben und viel Freude bereiten.

Artenschutz- und Naturschutz

Bereits im vorigen Kapitel wurde darauf hingewiesen, dass es nicht erlaubt ist, sich einfach in der Natur zu bedienen, um seinen Gartenteich mit interessanten Tier- und Pflanzenarten zu bestücken. Damit nicht Raubbau in der Natur getrieben, die letzten Bestände seltener Tier- und Pflanzenarten natürlicher Gewässer ausgeräumt und damit Wasserbewohner artgerecht behandelt werden, gibt es Verordnungen und Gesetze an die wir uns als Gartenteichbesitzer halten müssen. So regeln u. a. die EU-Artenschutzverordnung, die Bundesartenschutzverordnung, das Bundesnaturschutzgesetz sowie die Naturschutzgesetze der einzelnen Bundesländer die Ein- und Ausfuhr von Arten, deren Besitz und Haltung, Kauf und Verkauf und vieles mehr. Beispielsweise sind alle unsere einheimischen Amphibienarten geschützt. Daher ist es verboten diese Tiere, deren Laich und Larven aus Naturgewässern zu entnehmen. Auch die Entnahme von Amphibien und deren Entwicklungsstadien aus dem Teich eines Freundes und das Einsetzen in den eigenen Gartenteich sind untersagt. Dies gilt übrigens für alle geschützten Tiere und Pflanzen, darunter Fische, Süßwassermuscheln und -schnecken sowie die beliebten Seerosen und eine Anzahl weiterer Wasser- und Sumpfpflanzen. Über die einschlägigen Bestimmungen informiert man sich am besten

bei der zuständigen Naturschutzbehörde oder bei Naturschutzgruppen vor Ort, die sicherlich gern behilflich sind.
Der Schutz von Fischen ist in den Fischereigesetzen der Länder sowie durch die FFH-(Flora-Fauna-Habitat-)Richtlinie geregelt.
So ist es verboten, Fische aus dem eigenen Gartenteich in Naturgewässern auszusetzen, ansonsten können u. a. Krankheiten in diesen Gewässern verbreitet werden. Besonders beim Aussetzen von fremdländischen Arten wird in Naturgewässern häufig Schaden angerichtet, da einheimische Arten zurückgedrängt oder verdrängt werden. Beispiele sind in den Kapiteln über Fische, Amphibien und Reptilien beschrieben.

Tipps für die Naturbeobachtung

Der Gartenteich ist nicht nur ein kleines Paradies für uns Menschen, sondern auch Lebensraum für viele Tiere. Wenn man sich einmal etwas Zeit nimmt und seinen Gartenteich über einen längeren Zeitraum intensiv beobachtet, wird man zahlreiche Tierarten in den unterschiedlichen Teichzonen entdecken (s. auch S. 29–31). Aber auch Beobachten will gelernt sein: Meist reicht es vollkommen aus, sich am Teichrand einen ruhigen Platz zu suchen, von dem man eine gute Sicht sowohl auf die Wasseroberfläche als auch auf die Wasserpflanzen und das Teichufer hat.

Auch die hübsche Wechselkröte darf nicht aus der Natur an den Gartenteich »verschleppt« werden. Alle einheimischen Amphibienarten, deren Laich und Larven stehen unter Naturschutz.

Wenn Sie jedoch die Teichbewohner genauer unter die Lupe nehmen wollen, müssen Sie sie dazu zumindest kurzfristig aus dem Wasser nehmen. Dafür gibt es verschiedene Sammelgeräte, mit denen man die unterschiedlichen Tierarten im Teich, je nach Lebensraum, erbeuten kann.
Das wichtigste Sammelutensil ist ein Handnetz. Geeignete Netze sind im Aquarien- oder Fischereibedarfshandel zu erhalten. Mit diesen **Planktonnetzen** oder **Keschern** können sie je nach Maschenweite ganz gezielt einzelne größere Tiere aus dem Wasser fischen oder auch kleine Teichbewohner wie z. B. Wasserflöhe in größerer Zahl erbeuten. Dabei sollten sie darauf achten, dass Sie das Netz ruhig und nicht zu schnell durch das Wasser ziehen, da es sonst zu einem Wasserstau vor dem Netz kommt und die Tiere nicht ins Netz gelangen. Das Netz sollte auch nicht geradlinig, sondern stets in Form einer Acht durch das Wasser gezogen werden, da bei dieser Bewegung im Knotenpunkt der »Acht« ein Sog entsteht, in dem sich die kleinen Wassertiere konzentrieren. Mit Hilfe einer Teleskopstange, die heute zum Standard moderner Kescher oder Planktonnetze gehört, lassen sich auch weiter

Nützliche Utensilien
für Untersuchungen am Gartenteich:

- Kescher
- Planktonnetz
- Haushaltssieb
- Federstahlpinzette
- Pipette
- Pinsel
- Schalen
- Einmachgläser
- Glasröhrchen
- Lupe
- Mikroskop (nicht unbedingt nötig)
- Bestimmungsliteratur (z. B. dieses Buch; s. auch S. 124)

Wenn Sie Tiere zum Beobachten sammeln, denken Sie bitte daran, dass es sich um empfindliche Lebewesen handelt. Gerade in kleinen Gefäßen kommt es (vor allem bei höheren Außentemperaturen) recht schnell zu kritischer Sauerstoffzehrung oder Temperaturerhöhung. Vermeiden Sie solche für die Wasserorganismen lebendsbedrohenden Situationen und setzen sie die Tiere stets rasch wieder in den Gartenteich zurück.

Mit dem Kescher lassen sich viele Wasserinsekten leicht erbeuten (z.B. wenn sie gerade Luft schöpfen oder indem man den Kescher durch Bestände von Wasserpflanzen zieht). Geduldiges Beobachten gewährt interessante Einblicke in biologische Zusammenhänge.

entfernte Stellen im Teich bzw. tiefere Wasserzonen untersuchen.
Tiere, die am und im Boden des Teiches leben, fängt man am besten mit einem ganz gewöhnlichen stabilen **Haushaltssieb.** Wichtig ist nur, dass das Sieb engmaschig und mit einem kräftigen Griff versehen ist. Mit dem Sieb nehmen Sie behutsam etwas Sediment vom Teichboden, waschen die Tiere durch ständiges Schütteln im Wasser aus und überführen sie in ein geeignetes Beobachtungsgefäß.
Interessante Untersuchungsobjekte im Gartenteich sind auch **Pflanzenteile** oder **Steine,** die vielen Tierarten Schutz bzw. die Möglichkeit sich festzuhalten oder zur Eiablage bieten. Zur Untersuchung nehmen Sie Pflanzenproben aus dem Teich, waschen die Organismen durch Schütteln in einem mit Wasser gefüllten Behälter aus, sieben sie durch ein engmaschiges Netz und überführen sie dann in ein zur Beobachtung geeignetes Gefäß. Die Steine besiedelnden Tiere können Sie dagegen vorsichtig mit einer Federstahlpinzette (Fachhandel für Biologie- oder Fischereibedarf) oder einem Haarpinsel von der Ober-

Mit der richtigen Ausrüstung lassen sich viele unterschiedliche Wassertiere leicht erbeuten – auch für Kinder eine spannende Angelegenheit.

Besonders leicht lassen sich Tiere beobachten, wenn man sie vorübergehend in ein kleines Aquarium oder anderes Glasgefäß setzt.

fläche absammeln. Dabei sollten Sie darauf achten, dass Ober- und Unterseite der Steine aufgrund der unterschiedlichen Lichtempfindlichkeit oft von ganz verschiedenen Arten bevölkert werden.

Zur Beobachtung überführen sie die erbeuteten Tiere am besten in ein mit Wasser gefülltes Glas mit weiter Öffnung. Ebenfalls gut geeignet für die Beobachtung sind helle Plastikschalen, in denen sich die meist dunklen Tiere gut abheben. Bei der Überführung leisten wiederum ein Pinsel oder eine weichgreifende Federstahlpinzette gute Dienste, die verhindern, dass die zarten Tiere verletzt werden. Mit Hilfe einer Pipette können Kleinstlebewesen wie z. B. Wasserflöhe nicht nur gut beobachtet, sondern auch leicht von einem Gefäß in ein anderes überführt werden.

Zur genauen Beobachtung der meisten Tiere ist eine Lupe mit 10facher Vergrößerung völlig ausreichend. Wollen Sie jedoch Plankton untersuchen, benötigen Sie dazu ein Mikroskop mit mindestens 50facher Vergrößerung. Nach Beendigung der Untersuchung sollten die Teichbewohner wieder in die Freiheit entlassen werden. Unter Naturschutz stehende Tiere dürfen dem Gartenteich überhaupt nicht entnommen werden.

Wasserqualität und Zeigerorganismen

Für das biologische Gleichgewicht und die Gesundheit eines Gartenteiches ist die Wasserqualität von erheblicher Bedeutung. Daher ist es wichtig, dass die wichtigsten Wasserwerte des Teichwassers in regelmäßigen Abständen überprüft werden:

pH-Wert: Der pH-Wert sagt aus, ob eine wässrige Lösung (z. B. Wasser) sauer, neutral oder alkalisch ist. Ist der pH-Wert kleiner als 7, ist das Wasser im sauren Bereich, ist er größer als 7 ist es im alkalischen Bereich.

Für den Gartenteich sind pH-Werte zwischen 7 und 7,5 als ideal anzusehen, Werte bis 8,5 können noch akzeptiert werden. pH-Wert-Änderungen um nur einen Wert, wie z. B. von 7 auf 6 bedeuten eine Verzehnfachung der Säuremenge! Deshalb stellen starke pH-Wert-Schwankungen immer eine Gefahr für Fische und andere Teichbewohner dar.

Karbonathärte: Unter der Karbonathärte versteht man das Salz der im Wasser gelösten Kohlensäure. Sie wird in »deutschen Karbonathärtegraden« gemessen (°dKH). Härtegrade von 1 oder 2 stehen für ein sehr weiches, ungeeignetes Wasser, während ein Härtegrad von 15

Zur Bestimmung der Wasserqualität des Teiches sind keine teuren Analysegeräte notwendig. Für eine schnelle und übersichtliche Wasseranalyse gibt es im Fachhandel einfach zu handhabende Teststreifen, mit denen oft sogar mehrere Testwerte gleichzeitig bestimmt werden können.

auf ein äußerst hartes Wasser hinweist. Im Gartenteich haben sich Werte zwischen 3 und 10 °dKH als geeignet für fast alle Tier- und Pflanzenarten bewährt.

Sauerstoff: Der Sauerstoffgehalt des Teichwassers ist ein ganz entscheidender Faktor für die Wasserqualität. Er hängt stark von der Wassertemperatur ab – je höher die Temperatur, desto geringer ist die Löslichkeit des Sauerstoffs im Wasser und damit der Sauerstoffgehalt. Erhöhen kann man den Sauerstoffgehalt mit Unterwasserpflanzen, regelmäßiger Pflege (»Entschlammung«) und Pumpen.

Eine hohe Dichte von Schlammröhrenwürmern weist stets auf eine hohe organische Belastung hin.

Ammoniak und Nitrit: In einem Gartenteich sollten weder Ammoniak noch Nitrit nachweisbar sein, da beide Stickstoffverbindungen giftig für Fische sind.

Nitrat und Phosphat: Nitrat und Phosphat sind in geringen Dosen immer im Teichwasser vorhanden, größere Mengen sind jedoch für ein starkes Algenwachstum verantwortlich.

Aber nicht nur die Wasserchemie gibt Auskunft über den Zustand eines Gartenteichs, sondern auch bestimmte Tiere und Pflanzen, die so genannten »Zeigerorganismen«. Das Vorhandensein oder Fehlen dieser Zeigerarten kann mit ganz bestimmten Umweltverhältnissen in Verbindung gebracht werden. Kennt man die Lebensansprüche der Zeigerorganismen, kann man ohne aufwändige chemische Analysen Aussagen über die Qualität eines Lebensraums treffen. Zeigerarten können z. B. Auskunft über Nährstoffgehalt, Sauerstoffgehalt, Verschmutzungsgrad oder aber das Angebot von Licht und Schatten geben. Eine Grünfärbung des Wassers weist z. B. auf übermäßiges Algenwachstum und damit auf eine Überdüngung hin, die die »Algenexplosion« verursacht hat.

Ein tierischer Zeigerorganismus ist der Schlammröhrenwurm. Schlammröhrenwürmer stellen sich dort ein, wo organische Stoffe stark verunreinigen. Ihr Vorkommen ist sozusagen der »Geigerzähler« der Nährstoffzufuhr. Das Vorkommen weniger Schlammröhrenwürmer im Gartenteich ist noch unbedenklich. Ist der Teichboden jedoch regelrecht rot gefärbt, deutet dies auf eine extrem hohe Dichte an Würmern (oft mehrere 10 000 Individuen/m^2) und damit auf übermäßigen Nährstoffgehalt hin.

Auch Zuckmückenlarven gehören zu den wichtigen Zeigerorganismen im Gartenteich. Anhand der Färbung der verschiedenen Arten lässt sich auch für den Laien gut beurteilen, wie es um die Wasserqualität des Gartenteichs bestellt ist. Die Larven einiger Arten sind rot gefärbt, da sie in ihrer Körperflüssigkeit den roten Blutfarbstoff Hämoglobin besitzen. Deshalb können die Larven auch in sehr sauerstoffarmen

Rote Zuckmückenlarven sind Indikatororganismen für eine schlechte Wasserqualität.

Zonen des Teiches leben, da ihnen der Blutfarbstoff die Aufnahme von Sauerstoff sehr erleichtert. Ein massenhaftes Auftreten dieser »roten« Zuckmückenlarven weist daher immer auf eine Überdüngung des Gartenteichs und eine daraus resultierende starke organische Belastung hin. Die Larven anderer Zuckmückenarten, denen der rote Blutfarbstoff fehlt, können dagegen Zeigerorganismen für nährstoffarmes, sauerstoffreiches Wasser sein.

Probleme mit Algen

Algen zählen mit zu den verbreitetsten Organismen auf unserem Globus. Ein weites Spektrum an Wasser- und Landlebensräumen wird besiedelt. Im Süßwasser und im Meer kommen Algen vor, und selbst im Hochgebirge und auf Schnee sind sie nachzuweisen. Unter den etwa 26 000 beschriebenen Arten befinden sich solche, die für die menschliche Ernährung, zur Herstellung von Kosmetika und in der Medizin genutzt werden. Auch die Formenvielfalt ist bemerkenswert. So kennen wir einzellige Arten, die nur wenige Mikrometer (1 µm = 1 Millionstel Meter) messen, aber auch Spezies im Meer (Tange), die viele Meter lang werden und ganze »Unterwasserwälder« bilden können. In unserem »Gewässer aus zweiter Hand« können wir solche Superlative natürlich nicht erwarten, dafür bereiten uns Algen – hauptsächlich Schweb- und Fadenalgen – so maches Problem. In frisch befüllten Garten-

Treten Algen in Massen auf, dann werden sie zum Problem. Der Gartenteich kann »kippen«.

Algenwatten mit dem Kescher vorsichtig aus dem Teich entfernen.

teichen zeigt sich oft schon nach wenigen Tagen ein leichter grünlicher Schimmer im und auf dem Wasser. Die ersten einzelligen Algen haben sich eingestellt. Im Frühjahr kommt es in der Regel zu einer **»Algenblüte«.** Algen beginnen nämlich vor den Wasserpflanzen mit dem Wachstum und können die vorhandenen Nährstoffe zu einer explosionsartigen Vermehrung nutzen. Schwebalgen führen zu einer grünlichen Wassertrübung (»Wasserblüte«), wogegen Fadenalgen hellgrüne Watten auf der Wasseroberfläche oder dunkelgrünes Fadengestrüpp im Wasser bilden.

Zeichnet sich dieser Zustand ab, gilt es Gegenmaßnahmen zu treffen. Denn Algen erzeugen tagsüber Sauerstoff, den sie nachts zur Aufrechterhaltung der Lebensfunktionen verbrauchen. In stark veralgten Gewässern kommt es nachts zu einer Sauerstoffzehrung, sodass Wassertiere, allen voran Fische, an Sauerstoffmangel zugrunde gehen können. Zudem werden beim Zersetzen der Algen Nährstoffe frei, die das Wachstum von Algen erneut anregen. Eine Lanze für die Algen muss jedoch an dieser Stelle gebrochen werden: Für Fisch- und Amphibienlarven, aber auch für andere Wasserorganismen (u. a. Rädertierchen, Wasserflöhe, Wasserschnecken, manche Käfer) spielen Algen eine wichtige Rolle bei der Ernährung.

Oft sind ein übermäßiger Fischbesatz und die Fütterung die Ursache dafür, dass unser Biotop farblich einer »grünen Erbsensuppe« ähnelt. Über die Exkremente geben Fische im Futter enthaltene und nicht verwertete Nährstoffe ins Wasser ab, wodurch ein starkes Algenwachstum hervorgerufen wird. Hier gilt es, den Fischbesatz auf ein geeignetes Maß zu reduzieren oder eine Filteranlage zu installieren.

Auch ohne Fischbesatz kann es zu einer Nährstoffanreicherung kommen. Schon bei der Anlage eines Gartenteichs können Fehler gemacht werden. So empfiehlt es sich, zum Abdecken der Teichfolie an Teichrand und -boden Kies anstelle von Erde zu verwenden. Ebenso sollte die Befüllung der Pflanzkörbe für Wasserpflanzen nicht mit nährstoffreicher Erde vorgenommen werden. Schließlich ist in Teichnähe das Ausbringen von Düngern für den Rasen und Gartenbeete wegen der Einschwemmungsgefahr unbedingt zu vermeiden. Darüber hinaus sollte der Teich vorzugsweise im Herbst und nochmals im Frühjahr gereinigt werden, um abgestorbene Pflanzen, Blätter und Schlammablagerungen zu beseitigen (s. auch S. 114–119.)

Auch eine geeignete Bepflanzung mit einheimischen Wasserpflanzen (z. B. Wasserpest, Tausenblatt, Hornblatt und Schwimmblattpflanzen) kann die Nährstoffe im Wasser erheblich reduzieren. Lichtet man diese Pflanzen von Zeit zu Zeit aus, werden Nährstoffe aus dem biologischen Kreislauf

unseres Teichs entzogen und einem Algenwachstum wird damit vorgebeugt.
Ein Wort noch zu chemischen Algenhemmern und Filteranlagen. Chemische Mittel führen zwar zu einer schnellen Beseitigung der Algenblüte, nicht aber zur Lösung des Problems. Die abgetöteten Algen sinken auf den Gewässergrund und zersetzen sich, wodurch die gebundenen Nährstoffe frei werden. Die nächste Algenblüte ist somit vorprogrammiert. Abzuwägen ist auch die Verwendung von Filteranlagen, die nicht nur Trübstoffe aus dem Wasser beseitigen, sondern auch Mikroorganismen (z. B. Zooplankton), die ihrerseits durch Aufnahme von Algen erheblich zur Wasserreinigung beitragen.

Der Teichboden und seine Aufgaben

Das Leben im Gartenteich findet nicht nur im freien Wasser oder zwischen den Wasserpflanzen statt, sondern auch am Teichboden laufen Prozesse ab, die von elementarer Bedeutung für das gesamte Gewässer sind. So reichern sich im Laufe der Zeit auf dem Grund des Gartenteiches jede Menge abgestorbener Wasserpflanzen oder Falllaub der umstehenden Bäume an, die von Bakterien und Pilzen abgebaut werden müssen. Dieser Abbau funktioniert aber nur dann einwandfrei, wenn den Mikroorganismen genügend Sauerstoff zur Verfügung steht. Befindet sich nur eine geringe Menge totes Pflanzenmaterial im Teich, steht den Bakterien genügend Sauerstoff zur Verfügung. Bei großen Mengen abgestorbener Pflanzenteile auf dem Teichboden kommt es jedoch rasch zur Faulschlammbildung, da die Mikroorganismen ihre Abbautätigkeit einstellen müssen, weil sie den vorhandenen Sauerstoff aufgebraucht haben. Am besten ist es »Teichbodenprobleme« gar nicht erst entstehen zu lassen. Deshalb sollten Sie bereits bei der Planung ihres Gartenteiches zwei wichtige Punkte berücksichtigen:
1. Verwenden Sie statt Gartenerde nährstoffarmen Kies, um nicht schon bei der Anlage Nährstoffe einzubringen.
2. Der Gartenteich sollte nicht in der Nähe von Bäumen angelegt werden, da das Falllaub im Herbst eine gewaltige Nährstoffzufuhr für den Teich bedeutet. (Bei kleineren Teichen kann man dann allerdings die Wasserfläche mit einem Netz abdecken.)

Ist ihr Gartenteich bereits mehrere Jahre alt, sollten Sie sich die Mühe machen, den Teichboden in einem tieferen Bereich etwas genauer unter die Lupe zu nehmen. Dabei können sie vielleicht beobachten, dass die schön marmorierten Kieselsteine, die sie beim Bau des Teichs auf dem Gewässergrund verteilt haben, mittlerweile auf der Unterseite oder sogar ganz pechschwarz geworden sind. Zusammen mit einem an faule Eier erinnernden Geruch ist eine Schwarzfärbung immer ein untrügliches Zeichen dafür, dass in Folge eines Sauerstoffmangels keine »gesunden« Abbauprozesse, sondern Fäulnisvorgänge stattfinden, bei denen der übel riechende Schwefelwasserstoff und seine schwarzen Folgeprodukte entstehen. Dies ist ein untrügliches Zeichen dafür, dass der Teich saniert werden muss.

Unterseits schwarz gefärbte Steine im Gartenteich weisen immer auf Sauerstoffmangel und Fäulnisvorgänge hin.

Tiere im Gartenteich

In diesem Teil des Buches stellen wir Ihnen die Arten vor, die in Gartenteichen vorkommen können. Sie lernen das Verhalten der Tiere und ihre Ansprüche an die Umwelt besser kennen, und daraus lässt sich wiederum vieles ableiten, was man tun kann, um den Gartenteich als idealen Lebensraum zu gestalten.

Den größeren Tiergruppen wurde eine allgemeine Charakterisierung vorangestellt. Sie trägt zum tieferen Verständnis der Lebewesen im Gartenteich bei, kann aber auch helfen, entdeckte Tiere als Angehörige z. B. einer bestimmten Familie zu erkennen, auch wenn die spezielle Art in der anschließenden Artengalerie nicht vorgestellt wird (vgl. S. 7).

Manchen Arten wurde ein Diagramm hinzugestellt, aus dem ersichtlich ist, wann welche Lebensstadien (z. B. Eier, Larven, Imagines oder Vollinsekten, also fertig entwickelte Tiere) vorkommen können. Da sich der Zyklus jährlich wiederholt und der Januar nahtlos an den Dezember anschließt, wurden diese Übersichten in Kreisform angelegt.

◀ Wohl jeder Gartenbesitzer freut sich, wenn sein Teich von zahlreichen Tieren besiedelt wird (Foto: ein Wasserfrosch). Wenn man ihn vielfältig anlegt, ist die beste Voraussetzung dafür geschaffen.

Wer lebt wo?

Bevor wir die verschiedenen Bewohner des Gartenteichs vorstellen, wollen wir der Frage nachgehen, warum sie hier vorkommen. Nun könnte man sich mit der Feststellung zufrieden geben, dass so wie Maulwürfe und Regenwürmer im Boden, andere Landbewohner auf dem Erdboden oder in der Vegetation leben, es eben auch Wassertiere gibt, die das feuchte Element bevorzugen. Das ist sicher richtig, aber für ein tieferes Verständnis des Lebens im Gartenteich noch zu allgemein.

Leicht zu beobachten und dennoch eine wichtige Erkenntnis ist, dass es Arten gibt, die man stets im Freiwasser entdeckt, etwa Fische oder Wasserflöhe, während Wasserasseln oder Libellenlarven als Bewohner des Gewässergrunds in Erscheinung treten. Das ist deswegen bedeutsam, weil es zeigt, dass die Arten ganz spezielle Anpassungen entwickelt haben, um an bestimmten »Wohnplätzen«, der Fachmann spricht von Habitaten, optimal zurecht zu kommen. Und da lohnt es sich nun, noch etwas genauer hinzuschauen.

Zum Beispiel die Wasseroberfläche: Da gibt es Wasser- und Teichläufer, Taumelkäfer und Stechmückenlarven. Während Teichläufer sich gern im Grenzbereich Land/Wasser oder auf Schwimmblättern von Wasserpflanzen aufhalten, bevorzugen Wasserläufer und die schnell kreisenden Taumelkäfer die freie Wasseroberfläche. Wasserläufer suchen nur dort ihre Nahrung, Taumelkäfer können auch unter Wasser auf Jagd gehen. Und während die bisher genann-

Wenn Sie eine Art im Buch nicht gleich finden, suchen Sie anhand der Abbildungen nach ähnlichen Arten und schauen Sie sich die Gruppenbeschreibungen an. Auch in diesem Buch kann nur ein Teil der Arten vorgestellt werden. Es ist doch aber schon ein Erfolg, wenn man erkennt, ob man einen Käfer oder eine Wanze vor sich hat, eine Libellen- oder Eintagsfliegenlarve. Auch Fachleute können in vielen Fällen erst nach eingehenden Untersuchungen die genaue Art ermitteln.

ten Arten auf der Wasseroberfläche laufen, hängen die Stechmückenlarven mit ihrem Atemrohr unterseits an der Wasseroberfläche. Die Arten, die den Grenzbereich Luft/Wasser nutzen, haben sich also in ganz unterschiedlicher Weise angepasst. Und das Ganze ließe sich noch beliebig verfeinern, denn es gibt verschiedene Wasserläufer- und Taumelkäferarten, die recht unterschiedliche Gewässertypen bevorzugen.

Schauen wir nun in das Wasser. Im äußersten Uferbereich findet man den Wasserskorpion, der gerade so weit ins Wasser geht, dass er mit seinem Atemrohr noch die Wasseroberfläche erreicht. Besitzt Ihr Gartenteich kein flaches Ufer mit abgestorbenen Pflanzenteilen als Versteck, wird sich auch kein Wasserskorpion einfinden.

Etliche Arten, vor allem die recht häufigen Ruderwanzen oder manche Käferlarven, bevorzugen den Aufenthalt im dichten Gewirr von Unterwasserpflanzen. Während die Erstgenannten gern Algenfäden aussaugen, machen die Käferlarven dort Jagd auf Tiere, die sich zwischen den Pflanzen verbergen. Um nicht entdeckt zu werden, verkriechen sich deshalb manche Arten in abgestorbenen hohlen Pflanzenstängeln, einige kleine Wasserkäfer tun das regelmäßig. Schauen Sie doch mal selbst nach, ob Sie Kleintiere in Halmen Ihres Teiches entdecken.

Warum haben sich viele Organismen so sehr spezialisiert? (Es trifft nämlich für die einzelnen Arten in sehr unterschiedlichem Maße zu.) Nun, der Hauptgrund ist sicherlich, dass eine Art erfolgreich ist, wenn sie die Umweltressourcen möglichst effizient nutzt, z. B. bei der Nahrungssuche. Im Laufe der Evolution, der Entstehung der Arten, sind die verschiedensten Anpassungen an spezielle Lebensräume und Arten des Nahrungserwerbs entstanden, die ihren Trägern bestimmte Konkurrenzvorteile sichern. Es ist daher nicht überraschend, dass die Larve des Furchenschwimmers, die unermüdlich durch den freien Wasserkörper paddelt, Wasserflöhe als Nahrung bevorzugt (die »ihren« Lebensraum bevölkern). Auch hier gilt: In einem Gartenteich ohne Wasserflöhe wird sich auch kein Furchenschwimmer einfinden.

Ähnlich wichtig für Tiere sind die erfolgreiche Partnersuche, die Eiablage, Verpuppung oder Verwandlung. Auf der Partnersuche werden die meisten »passenden« Wasserorganismen »zufällig« ihren Gartenteich entdecken. Die Eier müssen dann aber beispielsweise vor Fressfeinden geschützt werden. Manche Arten legen sie nur in oder an bestimmten Substraten ab, die Stabwanze z. B. in weiches Pflanzengewebe. Bitterlinge platzieren ihre Eier sogar im Kiemenraum von Muscheln. Die meisten Käferlarven wiederum müssen zur Verpuppung an Land gehen, um sich im Erdboden eine Puppenwiege anzulegen. Haben sie dazu an ihrem Gartenteich keine Möglichkeit, können sie ihre Entwicklung nicht abschließen. Und dass

Gehen Sie einmal systematisch an Ihrem Gartenteich auf Entdeckungstour. Schreiben Sie nicht nur auf, welche Tiere Sie gefunden haben, sondern auch wo – getrennt für Wasseroberfläche, Uferbereich, Freiwasser, Gewässerboden, Pflanzenteile usw. Tipps, was man wie tun kann, finden Sie im Kapitel »Naturbeobachtung« auf Seite 21–23.
Wenn Sie das z. B. wöchentlich wiederholen, werden Sie bald feststellen, dass die meisten Arten stets im gleichen Bereich entdeckt werden, ihr Wohnplatz, an den sie am besten angepasst sind.

viele Amphibien, etwa Erdkröten oder Grasfrösche, weite Wanderungen unternehmen, dürfte bekannt sein. Ein rundum »abgeschotteter« oder mitten in einem Stadtgebiet ohne größere Parks gelegener Teich kann deshalb kein Lebensraum für sie sein.
Zu all diesen Ansprüchen kommen dann noch die hinsichtlich der chemisch-physikalischen Umweltbedingungen hinzu.
Sicher haben Sie schon gehört, dass Organismen bestimmte Wassertemperaturen, Härtegrade oder pH-Werte des Wassers benötigen, um sich entwickeln zu können. Auch dem muss ihr Gartenteich entsprechen (vgl. S 23/24). Und die notwendigen Minimal-Bedingungen müssen ununterbrochen erfüllt sein.
Es werden sich also auch im schönsten, mit modernster Technik und unter großem Aufwand angelegtem Wildwasserbach keine Fließwasserarten ansiedeln lassen, wenn man den »Bach« aus Energiespargründen über Nacht abschaltet.
Sie sehen daran, wie vielfältig die Lebensansprüche der einzelnen Arten sind. Wenn auch nur ein Merkmal nicht erfüllt ist, wird sich die entsprechende Art nicht dauerhaft in Ihrem Gartenteich ansiedeln können. Natürlich kann man Arten – etwa Fische – kaufen, einsetzen und womöglich noch füttern. Dann haben Sie – zumindest in Bezug auf diese Arten – allerdings keinen Gartenteich-Lebensraum, sondern lediglich ein Freiland-Aquarium.
Da ist es doch viel spannender, die Arten anzulocken, indem man ihnen optimale Lebensbedingungen bietet. Hinweise darauf, was die einzelnen Arten benötigen, finden Sie bei den Artbeschreibungen. Es ist sicher auch möglich, für eine bestimmte Art alles optimal »herzurichten«. Allerdings wird es keinen Sinn machen, eine Liste zu erstellen, welche Arten man im Gartenteich haben will, um dann die Summe aller Ansprüche zu erfüllen.
Schließlich ist es viel effizienter, dafür zu sorgen, dass der Gartenteich möglichst vielfältig angelegt ist, um möglichst vielen Arten eine »Nische« zu bieten. Hinweise dazu finden Sie auch im ersten Kapitel dieses Buches (»Entwicklung«, S. 8). Welche Arten zuwandern, hängt natürlich auch stark davon ab, in welcher Umgebung (z. B. städtisch oder ländlich) Ihr Teich liegt.
Aber man kann natürlich auch in Maßen nachhelfen (vgl. S. 19).
Auf jeden Fall wird die Freude über jede Art, die sich am bzw. im eigenen Gartenteich wohl fühlt, was sie durch ihre Anwesenheit ja zeigt, groß sein.

Larven des Furchenschwimmers erkennt man an ihrer besonders langen Vorderbrust und der unermüdlich paddelnden Schwimmweise im Freiwasser. Ihre Lieblingsbeute sind Wasserflöhe.

Fische

Fische im Gartenteich sind für viele Teichbesitzer das »Non-plus-Ultra«. Denn durch Fische ergibt sich ein weiteres belebendes, häufig auch farblich auffallendes »Element« für den Gartenteich. Allerdings sollte man nicht alle Arten, die einem gefallen, im Gartenteich wie in einem Zoo versammeln. Dies ist weder natürlich, noch ist es ökologisch vertretbar. Es ist in der Regel auch gar nicht durchführbar, z. B. Arten aus sauerstoffreichen und kalten Gebirgsgewässern mit Arten aus wärmeren Gewässern des Tieflandes zu vergesellschaften. Für den Gartenteich kommen in der Regel nur Fischarten der letztgenannten Gewässer und nicht Arten aus kalten Gebirgsgewässern in Frage; es sei denn, der Teich ist an einen solchen Bach oder an eine Quelle angeschlossen.
Woher kann man geeignete Fische beziehen? Da die Entnahme von Fischarten aus Naturgewässern verboten ist, muss man sich an den Zoofachhandel wenden. Dieser bietet besonders im Frühjahr geeignete Fischarten an (s. Kapitel »Kauf und Einsetzen von Tieren«). Es wird empfohlen sich auf einheimische Fischarten zu beschränken, da diese an die bei uns herrschenden Bedingungen am besten angepasst sind.
Sollte man sich doch zum Kauf nicht einheimischer Fischarten entschließen, muss man dafür sorgen, dass diese Arten nicht in natürliche Gewässer entkommen können. Auch ein Einsetzen dieser »Fremdlinge« in Naturgewässer – z. B. wenn die Pfleglinge im Gartenteich zu groß geworden sind – ist verboten. Denn vielfach werden durch solche illegalen »Besatzmaßnahmen« erhebliche Schäden in der Natur angerichtet. So gelangte in den letzten Jahrzehnten der aus Asien stammende Grasfisch *(Ctenopharyngodon idella)* in unsere Gewässer. Da er sich ausschließlich von Wasserpflanzen ernährt und einen gewaltigen Appetit aufweist, wurden in betroffenen Gewässern die Wasserpflanzenbestände massiv dezimiert. Mit den Wasserpflanzenbeständen verschwanden zugleich geeignete Deckungs-, Laich- und Nahrungsplätze nicht nur für viele einheimische Fischarten, sondern auch für andere Wasserbewohner.
Ein weiteres Negativbeispiel ist der aus Nordamerika stammende Zwergwels *(Ictalurus nebulosus)*, der als erwachsener Fisch u. a. Kleinfische, Fischlaich und -brut sowie Amphibienlarven frisst. In Naturgewässern ausgesetzt, wirkt er sich verheerend auf andere Wasserbewohner aus. Es sind Gewässer bekannt, in denen sich wenige eingesetzte Zwergwelse explosionsartig vermehrten, wodurch Kleinfisch- und Amphibienbestände zusammenbrachen.
Eine geeignete Bepflanzung unseres Gartenteiches ist auch für viele Fischarten von großer Bedeutung, da Fische Nahrungs-, Ruhe-, Schutz- und Laichplätze benötigen. Besonders die verschiedenen Laichkräuter *(Potamogeton*-Arten) bieten Fischen geeignete Voraussetzungen.
Der Raumbedarf der Arten wird in den folgenden Einzelbeschreibungen angegeben. Über die Teichgröße und -tiefe wurde ebenfalls schon gesprochen. (vgl. Kapitel »Kauf und Einsetzen von Tieren«, S. 19). Eine Filterung ist bei einem mit Wasserpflanzen ausreichend ausgestatteten Gartenteich und bei einem maßvollen und den Größenverhältnissen des Teichs angepassten Besatz nicht notwendig. Dies gilt nicht für die Haltung von Kois. Die Fische können sehr groß werden und haben einen entsprechenden Nahrungsbedarf. Wegen der ins

Wasser abgegebenen großen Mengen an Exkrementen ist eine Filterung des Teichwassers unabdingbar. Kois in Naturteichen ohne Filterung zu halten, ist nicht empfehlenswert. Bei der Fütterung von Fischen sollte man sich generell beschränken, da nicht gefressenes Futter die Wasserqualität beeinträchtigt.

In der folgenden Artengalerie werden die Fischarten beschrieben, die sich für eine Pflege in Gartenteichen unterschiedlicher Größe eignen.

Rotauge
Rutilus rutilus

Das zu den Karpfenfischen zählende Rotauge (Länge: 25–30 cm) trägt grausilberne bis gelblichsilberne Schuppen und besitzt rote Augen (Name!). Die paarigen Flossen sind rötlich bis hellrot gefärbt, die unpaarigen grau. Ein wichtiges Unterscheidungsmerkmal zur sehr ähnlichen Rotfeder *(Scardinius erythrophthalmus)* ist die Ansatzstelle der Rückenflosse. Der Vorderansatz der Rückenflosse beginnt senkrecht über bzw. knapp hinter dem der Bauchflossen. Rotaugen kommen in stehenden und langsam fließenden Gewässern vor. Gern halten sich die Fische in Schwärmen in der mit Unterwasserpflanzen bestandenen Uferregion auf. Als Nahrung werden neben wirbellosen Kleintieren (Kleinkrebse, Insekten und deren Larven, Würmer, Schnecken, Muscheln), auch Wasserpflanzen und Algen aufgenommen. Zum Laichen suchen die Fische im April/Mai die Flachwasserbereiche auf, wo sie die Eier an vorjähriger Vegetation, Wurzelwerk, Steinen und dergleichen absetzen. Laichreife Männchen weisen einen Laichausschlag am Kopf auf. Dieser »Ausschlag«, den man bei vielen Karpfenfischen zur Laichzeit findet, sollte aber nicht fälschlicherweise als Krankheit gedeutet werden.

Da Rotaugen recht groß werden, ist eine Haltung in Gartenteichen unter 50 m² Grundfläche nicht zu empfehlen.

Rotaugen eignen sich wegen ihrer späteren Länge nur für größere Teiche.

Junge Rotaugen und Rotfedern, die im Gartenteich gern in Schwärmen zwischen den Wasserpflanzen stehen, sind ein »munteres Völkchen«. Da sie gern in Bewegung sind, sieht man bei einfallendem Sonnenlicht häufig ihre silbernen Flanken aufblitzen. Für den Beobachter wird immer etwas geboten. Nach jedem Nahrungspartikel wird geschnappt und dafür auch zuweilen mutig die Schar der anderen Jungfische verlassen, um danach wieder rasch in den Schutz des Schwarmes zurückzukehren.

Rotfeder
Scardinius erythrophthalmus

Die farbenprächtige Rotfeder ähnelt dem Rotauge sehr.

Erwachsene Rotfedern sind farbenprächtige Karpfenfische. Der hochrückige Körper (Länge: 10–40 cm) weist eine silberfarbene Beschuppung auf, oft mit messinggelbem Anflug. Dazu bilden die kräftig hellroten Flossen einen schönen Kontrast. Im Gegensatz zum Rotauge befindet sich der Vorderansatz der Rückenflosse weit hinter dem der Bauchflossen. Rotfedern haben messinggelbe Augen. Als besondere Farbvarietät werden im Handel zuweilen Tiere in einem rotgoldenen Farbton angeboten. Die Rotfeder bevorzugt stehende und langsam fließende Gewässer mit reichen Wasserpflanzenbeständen. Man trifft sie meist in der vegetationsreichen Uferzone im Schwarm an. Im Schwarm findet auch das Ablaichen in Pflanzenbeständen im April/Mai statt. Zu dieser Zeit entwickeln die Männchen einen feinkörnigen Laichausschlag. Auf dem Speiseplan der Rotfeder stehen neben wirbellosen Kleintieren, Plankton und Anfluginsekten vor allem auch Fadenalgen sowie höhere weichblättrige Wasserpflanzen (Laichkrautarten, Tausendblatt, Wasserpest).
Wie die ähnlichen Rotaugen wachsen auch die Rotfedern zu recht stattlichen Exemplaren heran. Deshalb wird eine Haltung in Gartenteichen mit einer Grundfläche von wenigstens 50 m^2 empfohlen.

Goldorfen fühlen sich in Teichen wohl, die eine freie Wasseroberfläche und viel Schwimmraum für diesen wendigen Schwimmer bieten. Dagegen behagen dieser Art verkrautete Gartenteiche, deren Oberfläche weitgehend von Schwimmblattpflanzen bedeckt ist, nicht sonderlich.

Goldorfe
Leuciscus idus

Die wendige und schön gefärbte Goldorfe ist einer der beliebtesten Gartenteichfische. Dies führt leider oft dazu, dass der gelblich bis orangerot gefärbte und zwischen 30 und 70 cm groß werdende Fisch häufig in viel zu kleinen Gartenteichen gehalten wird. Gartenteiche mit einer Grundfläche von wenigstens 50–100 m^2 sind zur Haltung angesagt. Nur in großen Teichen laicht sie im Schwarm in den Monaten April bis Mai an Steinen und Wasserpflanzen ab.
Die Goldorfe ist die gelbrote Varietät einer silberfarbenen Wildform, dem **Aland** (auch Orfe genannt). Diese Fischart kommt im

Da Goldorfen sehr schwimmfreudig sind, benötigen sie viel freien Schwimmraum.

Ufer- und Oberflächenbereich fließender Gewässer vor, wo sie sich von Anfluginsekten, Insektenlarven, Kleinkrebsen und Schnecken ernährt. Unseren Gartenteich hält die flinke Goldorfe frei von Stechmückenlarven.

Schleie
Tinca tinca

Charakteristisch für die Schleie ist der kräftig gebaute, gedrungene Körper (Länge: 20–40 cm) mit kleinen Schuppen. Weitere Merkmale sind 2 Barteln am Maul sowie das auffallend kleine Auge. Schleien weisen eine dunkelgrüne bis olivgrüne Grundtönung auf, mit messingfarbenem Glanz an den Flanken. Der Bauch ist milchigweiß bis orangegelb. Eine gelbrote Form wird als so genannte **Goldschleie** *(Tinca tinca* forma *aurata),* im Handel angeboten.
Die Schleie bewohnt stehende und träge fließende Gewässer, wie z. B. flache gut durchwärmte Seen, Weiher sowie Altarme und Buchten von Flussläufen mit dichten Pflanzenbeständen und schlammigem Untergrund. Der lichtscheue Fisch verharrt tagsüber meist ruhig in Grundnähe zwischen Pflanzen, um erst mit der Dämmerung aktiv zu werden.

Die dämmerungsaktive Schleie führt eine zurückgezogene Lebensweise zwischen Pflanzenbeständen.

Als bodenorientierte Fischart ernährt sich die Schleie hauptsächlich von wirbellosen Bodentieren sowie Wasserpflanzen. Die Schleie laicht während der Monate Mai bis August im Flachwasser an Wasserpflanzen ab. Obwohl die zu den Speisefischen zählende Schleie als recht anspruchslose Tierart gilt, sollte man für sie auch im Gartenteich artgerechte Bedingungen schaffen. Gartenteiche von wenigstens 50 m^2 Grundfläche mit flacheren und tieferen Stellen sowie einem reichlichen Bestand an Wasserpflanzen (z. B. Wasserhahnenfuß, Tausendblatt, Hornkraut, Laichkrautarten) eignen sich hervorragend für einen Schleienbesatz.

Moderlieschen
Leucaspius delineatus

Das 6–9 cm große Moderlieschen besitzt leicht ausfallende silbrige Schuppen, die am Rücken graugrün bis oliv gefärbt sind, sowie an den Flanken einen stahlblauen Längsstreifen. Ein weiteres Merkmal ist die kurze Seitenlinie, die etwa bis zum Ende der an den Körper angelegten Brustflossen reicht. Die anspruchslose Fischart bewohnt ein breites Spektrum pflanzenreicher, stehender und langsam fließender Gewässer. Die Tiere können selbst noch in verschlammten Kleingewässern, die kurz vorher noch fischleer schienen, plötzlich in Massen auftreten. Deshalb glaubte man früher an ein Entstehen der Fische ohne Elterntiere aus dem Schlamm.
Moderlieschen halten sich gern im Schwarm oberflächennah in sonnendurchfluteten Wasserpflanzenbeständen auf. Dort machen sie Jagd auf Kleinkrebse, planktische Organismen, Insekten und deren Larven. Laichzeit ist von April bis Mai.
Aufgrund seiner Lebensansprüche ist das Moderlieschen ein geeigneter Fisch für unseren Gartenteich, der noch dazu die Stechmückenbrut kleinzuhalten vermag. Als Schwarmfische hält man diese Art mit mindesten 10–15 Exemplaren in nicht zu kleinen Gartenteichen (ab 20 m^2). In der Laichzeit legen die Weibchen ihre Eier in einem Band ringförmig um Wasserpflanzenstängel. Danach bewachen die Männchen das Gelege und sorgen durch Flossenfächeln für Frischwasserzufuhr.

Moderlieschen sind ideale Pfleglinge auch für kleinere Gartenteiche.

Ukelei
Alburnus alburnus

Dem sehr aktiven Ukelei muss man ausreichend Lebensraum gewähren.

Ein dem Moderlieschen sehr ähnlicher Fisch ist der Ukelei. Er wird 10–25 cm groß und besitzt eine durchgehende Seitenlinie. Die silbrige Grundfärbung enthält am Rücken einen bläulichen bis grünlichen Schimmer. Die Schuppen fallen leicht aus, weswegen man mit den Tieren besonders behutsam umgehen muss. Der Silberglanz beruht auf eingelagerten Guaninkristallen, aus welchen man früher den Grundstoff zur Herstellung künstlicher Perlen gewann.
Der Ukelei ist ein Schwarmfisch, der meist in Oberflächen- und Ufernähe stehender oder langsam fließender Gewässer anzutreffen ist. Die Laichzeit fällt in die Monate April bis Juni. Zu diesem Zeitpunkt suchen die Fische seichte, steinige Uferstellen auf, wo sie die ca. 1000–1500 Eier an Steinen, Pflanzen und Wurzelwerk ablegen. Als Nahrung nimmt der Ukelei vorwiegend Insekten, Insektenlarven, planktische Organismen, wirbellose Bodentiere und Algen auf.
Da der Ukelei ein aktiver Schwimmer ist sollen die Tiere im Schwarm nur in größeren Gartenteichen (ab 50 m^2) gehalten werden. Man muss dieser Art viel freien Schwimmraum bieten und Wasserpflanzen auf den Rand beschränken.

Gründling
Gobio gobio

Wie der Name schon sagt, ist der Gründling ein Bodenfisch, der im Bodenmulm gründelnd nach Nahrung sucht. Sein langgestreckter und fast drehrunder Körper erreicht eine Länge von 8–20 cm. Der Kopf weist ein unterständiges Maul und relativ große Augen sowie je einen Bartfaden in den Mundwinkeln auf. Der mit relativ großen Schuppen bestückte Rücken zeigt eine braune Färbung mit bläulichem bis grünlichem Glanz; die Flanken sind heller. Rücken und Flanken tragen bläulich schimmernde dunklere Flecken. Verwaschene dunkle Punkte lassen sich auf der Schwanz- und Rückenflosse finden.
Der Gründling lebt als Schwarmfisch in Bächen, Flüssen und Seen (Uferregion) mit sandig-kiesigem Untergrund. In entsprechend mit feinem Bodensubstrat ausgestatten Gartenteichen sollte man ihn deshalb immer

Als Bodenfische benötigen Gründlinge auf jeden Fall Bereiche mit sandigem bis feinkiesigem Bodengrund im Gartenteich.

in einem kleinen Schwarm halten. Die Art laicht im Mai/Juni. Die Laichabgabe findet im Flachwasser an Steinen und Pflanzen statt. Zur Nahrung gehören insbesondere wirbellose Bodentiere, aber auch Fischlaich verschmäht der Gründling zuweilen nicht. Teichgröße: ab 20 m².

Beobachten Sie einmal im Gartenteich oder noch besser im Aquarium das Laichverhalten des Bitterlings. Diese Art ist hinsichtlich der Fortpflanzung an das Vorkommen der Maler- bzw. Teichmuschel angewiesen. Mittels einer mehrere Zentimeter langen Legeröhre, die das Weibchen in die Kloakenöffnung der Muschel einführt, werden jeweils 1–3 etwa 3 mm große Eier (insgesamt 40–100 pro Laichsaison) im Kiemenraum einer Muschel platziert und anschließend vom Männchen besamt. Dort findet die Entwicklung der Embryonen statt. Nach etwa 2–3 Wochen schlüpfen die Fischlarven, die einige Zeit später die Muschel als schwimmfähige Jungtiere von etwa 11 mm Größe verlassen.

Bitterling
Rhodeus sericeus amarus

Der Bitterling ist nicht nur der kleinste einheimische Karpfenfisch (Länge: 5–9 cm), sondern er weist darüber hinaus einige interessante Besonderheiten auf. Er besitzt einen hochrückigen, seitlich abgeflachten Körper. Außerhalb der Laichzeit mit einem recht einfach graugrün gefärbten Rücken und silbrig rosafarbenen Flanken. Eine

Das Weibchen des Bitterlings legt seine Eier in den Kiemenraum von Maler- oder Teichmuscheln.

blaugrüne Längsbinde reicht von der Schwanzwurzel bis zur Körpermitte. In der Laichzeit schillern die Männchen in allen Farben des Regenbogens, die unteren Körperpartien schimmern rötlich.
Bitterlinge besiedeln in Schwärmen vereint pflanzenreiche Uferregionen kleiner Seen und Weiher sowie Altarme, Buchten und Staubereiche von Fließgewässern mit sandigem bzw. schlammigem Bodengrund. Die Tiere ernähren sich von Kleinkrebsen, Röhrenwürmern, Insektenlarven und Algen. Interessanterweise benötigt der Bitterling zur Fortpflanzung (April bis Juni) Süßwassermuscheln *(Unio-* und *Anodonta*-Arten), in welche die Eier zur Entwicklung abgelegt werden. Möchte man im Gartenteich Bitterlinge halten, sollte man auf die einheimische Art zurückgreifen und sich keinesfalls verleiten lassen, die im Zoohandel ab und zu angebotenen ostasiatischen Bitterlinge einzusetzen. Teichgröße: ab 10 m².

Karausche
Carassius carassius

Die Karausche, auch Moor- oder Bauernkarpfen genannt, zählt zu den widerstandsfähigsten und anspruchslosesten Fischen. Karauschen weisen einen gedrungenen, hochrückigen Körper (Länge: 15–30 cm) mit großen Schuppen auf. Im Gegensatz zum ähnlichen Karpfen *(Cyprinus carpio)* trägt diese Art keine Barteln. Die Grundfärbung variiert zwischen messinggelb und bronzebraun.
Die Karausche erträgt auch ungünstige Sauerstoffverhältnisse. Sie besiedelt pflanzenreiche und selbst stark verschlammte Gewässer jeder Art (Tümpel, Gräben, Moorgewässer, Weiher, Altwässer). Kalte und schnell fließende Gewässer meidet sie. Karauschen sind Allesfresser. Neben wirbellosen Kleintieren und Pflanzenkost wird jede nur irgendwie verwertbare Nahrung gefressen. Bei Nahrungsmangel bleibt selbst der eigene Nachwuchs nicht verschont. In der Laichzeit (Mai/Juni) legen die Weibchen ca. 100 000–300 000 klebrige, orangefarbene Eier an Wasserpflanzen ab.

Da die Karausche eine verborgene Lebensweise führt, ist sie für Gartenteiche als »prestigeträchtiges Schauobjekt« vielleicht weniger interessant. Unter ökologischen Gesichtspunkten betrachtet, eignet sich diese Fischart jedoch gut für einen Besatz (Teichgröße: ab 20 m²).

Aufgrund ihrer Lebensansprüche ist die Karausche für das Kleingewässer »Gartenteich« sehr gut geeignet.

Der Goldfisch mit seinen verschiedenen Farbschlägen ist der weitverbreitetste Teichfisch.

Goldfisch
Carassius auratus auratus

Der weltweit verbreitete Goldfisch besitzt einen hohen Bekanntheitsgrad. Generationen von Gartenteichliebhabern haben ihn in ihrem Gartenteich gepflegt und erfreuen sich auch heute noch an dieser Fischart, die bei der Haltung wenig Probleme bereitet. Nicht umsonst wurde der Begriff »Goldfischteich« geprägt. Man nimmt an, dass der Goldfisch vor etwa 300–350 Jahren von englischen Seefahrern und Kaufleuten von China nach Europa gebracht wurde. Der Goldfisch und sein naher Verwandter, der **Giebel** *(Carassius auratus gibelio)*, stammen von einem Karpfenfisch ab, den man in China »Chi« nennt und dort zu den Speisefischen zählt. In China widmet man sich der Goldfischzucht seit über 1000 Jahren. Durch permanente Zuchttierauswahl entstand eine Vielzahl von Varietäten, die sich in Form und Farbe recht stark unterscheiden. Zuchtformen wie Schleierschwanz, Teleskopauge, Löwenkopf, Büffelkopf, Gänsekopf und Himmelsgucker sind noch die bekanntesten. Vielfältig sind auch die Farbschläge, die man mit der Zeit herausgezüchtet hat. Man unterscheidet weiße, silberne, gelbe, goldgelbe, orangefarbene, rote, dunkelrote und schwarze Exemplare, um nur einmal die häufigsten Varianten zu nennen. Darüber hinaus kommen auch Kombinationen dieser Farben vor.
Die Jungfische zeigen zunächst die silbergraue bis graubraune Färbung der Wildform, um sich dann nach Monaten langsam umzufärben. Der Goldfisch laicht von April bis Mai bei einer Wassertemperatur von 18–22 °C an Wasserpflanzen ab. Teichgröße: ab 10 m^2.

Koi
Cyprinus carpio

In den letzten Jahren avancierte der Koi zum »König« unter den Teichfischen. Auf diese Weise gelangte ein Teil des Zaubers asiatischer Wassergärten auch zu uns. Man kann förmlich von einem Koi-Boom sprechen. Seiner Rolle als neuer Star unter den Gartenteichfischen wird er auch beim Preis gerecht. Für ausgewählte Exemplare wurden schon astronomische Preise bezahlt. Besonders prachtvolle Kois kosten in Japan 250 000 Euro – und es geht das Gerücht, dass von besonders betuchten Koi-Liebhabern auch schon das Doppelte und mehr bezahlt worden sei. Die hohen Preise sind sicher die Ausnahme, aber auch bei uns können »normale Exemplare« einige hundert bis einige tausend Euro kosten. Ein Grund für die besonders hohen Preise liegt darin, dass der Koi in Japan als ein Symbol für Glück, Tapferkeit, Erfolg, Wohlstand und ein langes Leben gilt.
Der Koi (eigentlich »Nishikigoi« genannt) stammt mit seinen vielen Farbvarianten vom **Wildkarpfen** *(Cyprinus carpio)* ab, was sich auch in der Körperform zeigt. In China und Japan wurden schon vor vielen Jahrhunderten farbige Varianten des Karpfens gezüchtet. Eine gezielte Koi-Zucht mit ihrer Farbenvielfalt existiert in Japan erst seit etwa 160 Jahren. Es gibt über 100 Basis-Zuchtformen die sich z. B. durch ihre Färbung (u. a. Variationen und Kombinationen von Weiß, Messingfarbe, Goldgelb, Rot, Schwarz, Ultramarin, Königsblau), durch die Beschuppung und auch durch die Länge der Flossen unterscheiden. Deren Einteilung in Hauptgruppen ist eine Wissenschaft für sich.
Obwohl sich Kois auch mit anderen Teichfischen vertragen, sind sie es wert in einem eigenen Teich gepflegt zu werden. Dabei stellen Kois hohe Ansprüche. Der eigentliche Koiteich ist ein Zierfischteich nach dem Vorbild asiatischer Wassergärten und kein Naturteich bzw. Biotop.

Kois sind die »Streicheltiere« unter den Fischen. Sie können sehr zutraulich, ja handzahm werden. Bei vorsichtiger Gewöhnung an die pflegende Person nehmen sie das Futter schließlich aus der Hand und lassen sich sogar streicheln.

Aufgrund ihrer Größe (bis 1 m Länge) können Kois nicht in kleinen Teichen gepflegt werden. Für Koiteiche gilt: je größer, desto besser. Für jeden ausgewachsenen Koi muss man wenigstens 5000 Liter Wasser vorsehen. Es empfiehlt sich nicht, Kois in Naturteichen mit verschiedenen zartblättrigen Wasserpflanzen und einer Schlammschicht am Boden zu halten. Zarte Wasserpflanzen werden

Kois sind anspruchsvolle Pfleglinge.

Kois können so zahm werden, dass sie aus der Hand fressen.

besonders gern aufgenommen und als echte Karpfen gründeln Kois im Schlamm. Als ideale Pflanze für Koiteiche gilt die gelbe Teichrose, die wegen ihrer Bitterstoffe in Blättern und Stängeln von den Fischen nicht gefressen wird und zudem den Fischen geeignete Unterstände bietet. Kois benötigen ein hochwertiges Futter, um ihren Nährstoff- und Vitaminbedarf zu decken. Im Zoofachhandel wird zu diesem Zweck ein spezielles Koi-Futter angeboten.

Koiteiche sind durch ein ständig hohes Angebot an Fischfutter und viele Fischexkremente gekennzeichnet. Deshalb muss das Wasser über eine leistungsstarke Filteranlage (mechanische und biologische Filterung) gesäubert werden, um eine Wassertrübung zu unterbinden und die notwendige Wasserqualität für die Pfleglinge zu erzielen. Denn allzu häufig ist eine schlechte Wasserqualität die Ursache für Gesundheitsprobleme der Fische.

Dreistachliger Stichling
Gasterosteus aculeatus

Der Dreistachlige Stichling gilt wegen seines interessanten Fortpflanzungsverhaltens als der »Paradefisch« in der Verhaltensforschung. Die 5–8 cm große Art weist eine gestreckte Gestalt mit weit nach hinten versetzter Rückenflosse auf. Auf dem Rücken tragen die Tiere 3 bewegliche Stacheln (Name!). Auch Bauch- und Afterflossen sind mit je 1 Stachel bewehrt. Damit können sie Angreifer empfindlich verletzen. Einen zusätzlichen Schutz besitzen die schuppenlosen Fische durch sich überlappende Knochenplatten an den Körperseiten und am Schwanzstiel. Außerhalb der Laichzeit sind die Tiere blaugrau bis olivgrün gefärbt, mit silbrigem Metallglanz an Bauch und Flanken. Während er Paarungszeit (März bis Juli) nimmt der Rücken des Männchens einen blaugrünen Farbton an, Kehle und Brust leuchten intensiv hellrot. Der Stichling kommt im Meer und im Süßwasser vor. Im Süßwasser lebt er in vegetationsreichen Flachwasserbereichen stehender und langsam fließender Ge-

Stichlinge bauen zur Fortpflanzung ein Bodennest aus Algenfäden und Pflanzenteilen.

wässer wie Gräben, Tümpel und Weiher sowie in Überschwemmungsgebieten der Flüsse. Zur Laichzeit wird ein ausgeprägtes Revierverhalten an den Tag gelegt, ansonsten leben die Tiere in Schwärmen. Zur Eiablage baut das Männchen ein Bodennest aus Algenfäden und Pflanzenfasern und verklebt die Einzelteile mit Nierensekret. Stichlinge ernähren sich räuberisch. Sie haben einen großen Bedarf an Kleinkrebsen, Würmern, Insektenlarven und leider auch an Amphibienlarven und Fischbrut. Deshalb müssen Stichlinge im Gartenteich im Auge behalten werden. Teichgröße: ab 10 m².

Neben dem Dreistachligen Stichling kommt bei uns auch der **Zwergstichling** *(Pungitius pungitius)* vor. Er wird 4–6 cm lang und besitzt 8–11 Rückenstacheln. Eiablage ebenfalls in einem aus Pflanzenmaterial gebauten Nest. Die räuberische Art fehlt im Süden Deutschlands.

Es ist sehr interessant, Stichlinge in der Laichzeit zu beobachten. Das Männchen lockt das laichreife Weibchen mit ruckartigen Bewegungen (»Zick-Zack-Tanz«) ins Bodennest, wo die Eiablage stattfindet. Das Männchen bewacht und versorgt allein das Gelege, indem es Feinde vertreibt und mit den Flossen Frischwasser herbeifächelt. Sobald die jungen Stichlinge herangewachsen sind, verlassen sie das Nest, um in großen Schwärmen kleine Planktontiere zu jagen.

Sonnenbarsch
Lepomis gibbosus

Die Merkmale des Sonnenbarsches sind sein hochrückiger Körper, der seitlich zusammengedrückt ist, sowie eine olivbraune Grundfärbung, die viele grünlich und bläulich schimmernde Partien aufweist. An den Seiten stehen kleine gelbbraune bis orangefarbene Flecken. Die Kiemendeckel tragen einen schwarzen, oft rot gerandeten Fleck.

Der Sonnenbarsch gehört zur Familie der Sonnenfische. Er wurde mit weiteren Barschen aus Nordamerika eingeführt. Von diesen Fischarten erreichte nur der Sonnenbarsch eine nennenswerte Verbreitung. Vor allem im Oberrheingebiet kommt er recht häufig in Baggerseen, Weihern und Auegewässern vor. Bei uns erreicht er eine durchschnittliche Länge von 10–15 cm, selten mehr.

Sonnenbarsche besiedeln pflanzenreiche, stehende und langsam fließende Gewässer. Während der Laichzeit (Mai bis Juni) legen sie in Flachwasserbereichen Laichgruben an, wobei Männchen und Weibchen gemeinsam die Eier (bis 1000 Stück) und die geschlüpfte Brut bewachen. Sonnenbarsche sind arge Räuber. Wirbellose Wassertiere aller Art, Fischlaich und -brut sowie Amphibienarten stehen auf ihrem Speiseplan. Legt man im Gartenteich Wert auf Libellen, Wasserkäfer, Wasserwanzen und Amphibien, so muss man auf den Sonnenbarsch verzichten. Teichgröße: ab 10 m².

Der Sonnenbarsch ist ein räuberischer Fisch, der die Fisch- und Amphibienbrut sowie andere wirbellose Wasserbewohner kräftig dezimiert.

Amphibien – Wanderer zwischen zwei Welten

Die Eier von Fröschen werden in Ballen abgelegt – hier Grasfrosch.

Bereits vor etwa 360 Millionen Jahren entwickelten sich aus einer Gruppe von Fischen, Verwandten des Quastenflossers, die Ahnen unserer heutigen Amphibien. Ihre Herkunft aus dem Wasser können auch die heute lebenden Amphibien nicht verleugnen, denn Amphibien sind zu bestimmten Lebensphasen auf das Wasser angewiesen. Ihr Name beschreibt dies treffend: »Amphibien« bedeutet so viel wie »beide Leben«, womit das Leben zu Wasser und zu Land gemeint ist. In Anpassung an den neuen Lebensraum haben die Amphibien statt Flossen 4 Beine (bei manchen tropischen Arten sind sie zurückgebildet) und eine drüsenreiche Haut entwickelt. Letztere schützt die Tiere an Land vor dem Austrocknen, aber auch vor dem Eindringen von zu viel Wasser in die Haut sowie gegen Pilze und Bakterien.

Aufgrund der Beeinträchtigung und Zerstörung der Lebensräume wird Amphibien zunehmend die Lebensgrundlage entzogen. Dies zeigt sich auch in der großen Zahl der gefährdeten Arten. In Deutschland sind 12 der 21 Amphibienarten in ihrer Existenz gefährdet oder stark gefährdet. Als Gartenteichbesitzer kann man zum Amphibienschutz und zum Erhalt der Arten beitragen. Man hat aber auch einige durch das Naturschutzgesetz geregelte Vorgaben zu erfüllen (vgl. das Kapitel »Arten- und Naturschutz«, S. 20). So sind z. B. alle Amphibienarten sowie deren Laich und die Larven geschützt und dürfen deshalb nicht aus der freien Natur entnommen werden.

Die Ansprüche der einzelnen Amphibienarten sind unterschiedlich. Jeder Gartenteichbesitzer sollte dies in besonderer Weise beachten und vor allem das »innige Verhältnis« zwischen Fischen und Amphibien sowie zwischen Schildkröten und Amphibien in die Überlegungen mit einbeziehen (vgl. S. 19). Sollen Amphibien im Gartenteich ohne Schaden überwintern, muss der Teich in einem Bereich mindestens 80–100 cm Tiefe haben. Dadurch wird verhindert, dass Amphibien in strengen Wintern im Eis eingeschlossen werden und zugrunde gehen. Viele Amphibienarten leben – zumindest zeitweise – in oder an Gewässern. Landbewohnende Arten, darunter die Kröten, suchen nur während der Laichzeit die Gewässer auf. Die früh

Man kann das Ablaichen bei Kröten oder Fröschen beobachten, wenn man sich dem Laichgewässer behutsam nähert und Deckung sucht.

laichenden Arten (Erdkröte und Grasfrosch) begeben sich bereits ab Ende Februar oder Anfang März bei einer Lufttemperatur zwischen 5 und 6 °C aus den Winterquartieren auf die Wanderschaft zu den angestammten Laichgewässern. Andere Arten wie Teich- und Wasserfrosch sowie junge Molche überwintern in der Regel vor Ort im Gewässer. Bei den stimmbegabten Fröschen, Kröten und Unken finden sich die Partner durch artspezifische Lautäußerungen. Während die Kröten eher leise rufen, gibt es unter den Fröschen echte »Schreihälse«. So ist der kräftige Ruf des Laubfrosches einige Kilometer weit zu hören und auch die Grünfrösche können lautstarke Konzerte geben.

Bis auf die lebendgebärenden Salamander legen alle Amphibien Eier. Der Feuersalamander setzt seine Larven im Wasser ab, der Alpensalamander bringt nach einer Tragzeit von 2–3 Jahren voll entwickelte Jungtiere zur Welt. Dies ist als besondere Anpassung an den Lebensraum im Gebirge zu werten. Die Frösche legen ihre Eier in größeren Ballen ab, Unken in kleineren Klumpen oder einzeln. Von den Kröten werden die Eier in Form von Laichschnüren abgegeben.

Amphibien sind echte Verwandlungskünstler. Denn aus den Eiern entwickeln sich zunächst die Larven, aus denen einige Wochen später – nach der Umwandlung (Metamorphose) – die voll ausgebildeten Jungtiere entstehen.

In den ersten Lebenstagen leben die Amphibienlarven von den Reservestoffen im Ei. Sind diese aufgebraucht, ernähren sich die Larven der Frösche, Kröten und Unken von Algen, pflanzlichen und tierischen Resten. Dagegen leben die Larven der Salamander und Molche räuberisch und fressen wirbellose Kleintiere.

▲ Kröten geben die Eier in Form von Laichschnüren ab.

▼ Bei Molchlarven bilden sich im Gegensatz zu den Frosch- oder Krötenlarven die Vorderbeine zuerst aus.

Verfolgen Sie doch einmal die Entwicklung von abgelegtem Laich im Gartenteich. Schon nach einigen Tagen nehmen die Eier eine kommaförmige Gestalt an und bald darauf kann man Kopf und Schwanz unterscheiden. Einige Zeit später schlüpfen die Larven. Nach insgesamt 7–8 Wochen beginnen sich die Beinchen auszubilden. Bei den Fröschen zuerst die Hinterbeine, bei den Schwanzlurchen die Vorderbeine. Mit der Umwandlung der Larven zu den Jungtieren ist die Entwicklung abgeschlossen.

Erwachsene Amphibien nehmen fast ausschließlich tierische Nahrung zu sich, die – je nach Art verschieden – aus Insekten, Spinnen, Würmern, Schnecken und wirbellosen Wassertieren bestehen kann.

Die Larven von Kröten und Fröschen sind auch unter der Bezeichnung Kaulquappen bekannt.

Die gelb-schwarze Färbung soll Feinde vor den giftigen Drüsensekreten des Feuersalamanders warnen.

Feuersalamander
Salamandra salamandra

Der bis 28 cm lange Feuersalamander ist wegen seines Aussehens unverwechselbar. Sein Körper weist eine glänzend schwarze Färbung mit gelben bis orangefarbenen Flecken oder Bändern auf. Der Salamander besiedelt die feuchten und schattigen Laubwälder des Hügel- und Berglandes. Dort findet man ihn in Quellen und Bächen. Tagsüber verbergen sich die Tiere unter Falllaub, Moospolstern, Steinen und Baumwurzeln. Diese Unterschlüpfe werden auch von Oktober bis März als Winterquartiere aufgesucht. Erst ab der Dämmerung geht der Feuersalamander auf die Jagd, um Würmer, Schnecken und Gliederfüßer zu erbeuten. Die Paarung erfolgt an Land von Mai bis Juni. Die Art ist lebendgebärend. Nach einer Tragzeit von mehreren Monaten setzt das Weibchen bis zu 50 Larven im Wasser ab.

Falls der Feuersalamander in der Umgebung eines Gartenteiches vorkommt, wird er sich bei zusagenden Verhältnissen von selbst einstellen. Dagegen wird eine Ansiedlung des verwandten **Alpensalamanders** *(Salamandra atra)* wegen dessen Verbreitung im Gebirge (700–3000 m) nur selten möglich sein. Im Garten bietet man den erwachsenen Salamandern feuchte Unterschlupfmöglichkeiten an (u. a. Steinhaufen, Laubansammlungen, größere Aststücke und Wurzelverstecke). Bei Gartenarbeiten sind diese Verstecke als »beruhigte Zonen« auszusparen.

Kammmolch
Triturus cristatus

Der bis 18 cm große Kammmolch ist der größte unter unseren Molcharten. Er weist eine raue, grobkörnige Haut auf, die olivbraun bis schwarzbraun gefärbt ist, teilweise mit schwarzen Flecken. Die Bauchseite ist gelb bis orangefarben und häufig schwarz gefleckt. Die Männchen tragen in der Laichzeit einen gezackten Hautkamm an Kopf und Rücken. Ein perlmuttfarbenes Längsband schmückt dann auch die beiden Schwanzseiten.

Nach der Überwinterung zugewanderte Kammmolche besiedeln oft schon ab Februar sonnenexponierte Gräben, Tümpel sowie Teiche im Flach- und Hügelland. Die Paarung findet von März bis Mai statt. Dabei kann man das interessante Paarungsverhalten beobachten. Die 100– 250 Eier werden einzeln in eingefaltete Wasserpflanzenblätter abgelegt. Im Spätsommer begeben sich

Kammmolche an Land, wo sie sich tagsüber unter Wurzeln, Laub, Holz, Moos und Steinen verbergen.
Ihre Nahrung setzt sich aus kleinen Krebstieren, Würmern, Insektenlarven, Schnecken und Gliederfüßern zusammen. Kaulquappen anderer Amphibienarten stellen wahre Leckerbissen für sie dar.

An eine Miniaturausgabe eines Drachen erinnert das Männchen des Kammmolchs mit seinem Hautkamm an Kopf und Rücken zur Laichzeit (oben); unten das Weibchen.

Teichmolch
Triturus vulgaris

Der Teichmolch ist eine der am weitesten verbreiteten Molcharten. Er wird bis 11 cm lang, ist braun bis oliv gefärbt, mit dunklen Flecken sowie 5 dunklen Streifen am Kopf. Bauch im Mittelteil orangefarben, seitlich weißlich, mit dunklen Flecken oder Tupfen. Die Männchen bilden zur Laichzeit einen gewellten Rückenkamm aus. Aufgrund der ähnlichen Färbung wird der Teichmolch zuweilen mit dem **Fadenmolch** *(Triturus helveticus)* verwechselt. Beim Fadenmolch weist jedoch das Männchen in der Laichzeit einen deutlich abgesetzten, 5–10 mm langen Faden am Schwanzende auf.
Von April bis Mai laichen die Teichmolche in Pfützen, Gräben, Tümpeln und Weihern ab, wobei die Eier einzeln an Wasserpflanzen deponiert werden. Während des Spätjahres kann man erwachsene Teichmolche in Laubwäldern, Flussauen und im offenen Kulturland antreffen. Hinsichtlich der Lebensweise und Ernährung ähnelt die Art dem Kammmolch, ist aber anpassungsfähiger als dieser.

Mit etwas Glück kann man den Laichakt und das dazugehörige Vorspiel der Kammmolche beobachten. Hierzu führt das Männchen mit dem Körper und dem nach vorne gebogenen Schwanz schlängelnde und zitternde Bewegungen aus.

Teichmolche (auf dem Foto ein Männchen zur Laichzeit) sind aufgrund ihrer Anpassungsfähigkeit weit verbreitet.

Bergmolche (Foto: Männchen zur Laichzeit) fallen wegen ihrer Farbenpracht sofort auf.

Bergmolch
Triturus alpestris

Der Bergmolch gilt als der farbenprächtigste einheimische Molch (Länge: 8–11 cm). Oberseits ist er bläulich bis schwarzbraun gefärbt und dunkel marmoriert. Flanken und Halsseiten tragen schwarze Flecken auf weißem Grund und sind durch eine blaue Binde von der orangefarbenen Bauchseite getrennt. Männchen in der Laichzeit mit schwarz-gelb gebändertem, glattrandigem Rückenkamm.

Die nachtaktive Art kommt vorwiegend im bewaldeten Hügel- und Bergland bis 3000 m vor. Als Laichplätze werden Gräben, Tümpel, Teiche und Seen angenommen (Laichzeit: März bis Ende Mai). Die Eier werden einzeln an Wasserpflanzen abgelegt. Erwachsene Tiere leben vom Frühjahr bis zum Sommer im Wasser, um sich dann in der restlichen Jahreszeit in feuchten Schlupfwinkeln aufzuhalten. Jungtiere und Larven überwintern im Gewässer. In Ernährung und Verhalten dem Kammmolch sehr ähnlich.

Gelbbauchunke
Bombina variegata

Die 4–5 cm große Gelbbauchunke besitzt einen gedrungenen, flachen Körper, der oberseits mit kräftigen Warzen bestückt und olivgrau bis graubraun gefärbt ist. Die Farbenpracht der Bauchseite erinnert an tropische Amphibienarten. Hier sticht das gelbe Fleckenmuster auf blaugrauem bis schwarzen Grund ins Auge. Eine Besonderheit ist die herzförmige Pupille. Die Art kommt vom Hügelland bis ins Gebirge (bis 1800 m) vor, weswegen sie auch Bergunke genannt wird, im Gegensatz zu der vorwiegend im offenen Tiefland vorkommenden **Rotbauchunke** *(Bombina bombina)*.

Letztere weist bauchseits ein orangerotes Fleckenmuster auf bläulichschwarzem Grund auf. Gelbbauchunken besiedeln ste-

An tropische Amphibienarten erinnert die Gelbbauchunke mit ihrer farbenprächtigen Bauchseite.

hende, oft vegetationsarme Gewässer wie z. B. wassergefüllte Wagenspuren, Pfützen, Gräben, Tümpel. Auch in Kies- und Sandgruben sowie in Steinbrüchen kommen sie vor. In der Laichzeit (April bis August) werden die Eier einzeln oder zu mehreren am Gewässerboden oder an Vegetation abgelegt. Ab April locken die Männchen mit ihrem auffallenden Ruf »uh-uh-uh« die Weibchen an die Laichgewässer. Da die Eier und Larven von Fischen gefressen werden, muss ein Gartenteich fischfrei sein, wenn sich Gelbbauchunken-Nachwuchs einstellen soll.
Bei Störungen im Wasser tauchen die Tiere schnell zum Gewässergrund oder graben sich im Schlamm ein. An Land nehmen sie durch Durchbiegen des Rückens und Anheben der Beine eine Schreckstellung ein und zeigen Feinden zur Warnung ihre gelb gefärbte Unterseite. Besonders hartnäckige Angreifer werden durch Abgabe eines giftigen Drüsensekrets abgewehrt. Die Unken ernähren sich u. a. von Schnecken, Würmern, Spinnen und Insekten. Zur Überwinterung ziehen sich die Gelbbauchunken in Landverstecke zurück.

Erdkröte
Bufo bufo

Die weit verbreitete Erdkröte besitzt einen plumpen, gedrungenen Körper (Größe: 8–13 cm), dessen Färbung verschiedene Brauntöne, oberseits mit dunklen Flecken umfasst. Sie besitzt einen breiten Kopf mit abgerundeter Schnauze und großen wulstartigen Ohrdrüsen sowie eine drüsenreiche, warzige Haut. Die Drüsen sondern ein giftiges Sekret zur Abwehr von Feinden ab. Die kupferfarbenen Augen haben eine waagrechte Pupille. Vom Flachland bis ins Gebirge besiedelt die Erdkröte ein breites Spektrum an Lebensräumen. In Wäldern, Wiesen, Feldern, Steinbrüchen, Kies-, Sand- und Tongruben sowie im menschlichen Siedlungsbereich kommt sie vor.

Nach der Überwinterung in Landverstecken (Oktober bis März) wandern die laichplatztreuen Erdkröten oft in Massen zu den Laichgewässern. Dann ist der leise Ruf der Männchen zu hören, der etwa wie »öök-öök-öök« klingt. Bereits auf dem Weg zu den Laichplätzen halten die Männchen nach

Ein Erdkrötenpaar auf dem Weg zum Laichgewässer.

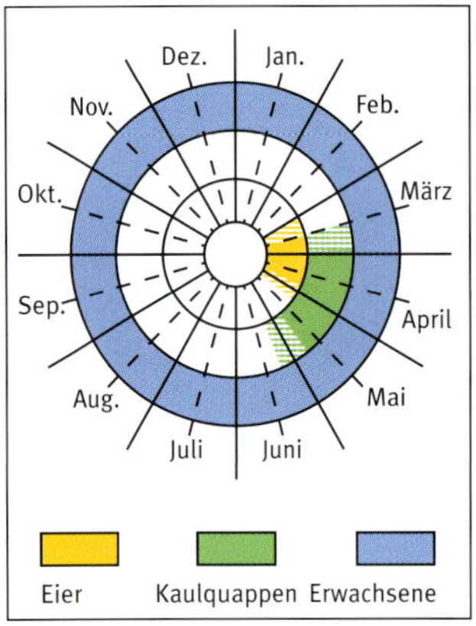

Entwicklungsschema der Erdkröte.

Weibchen Ausschau, um diese vom Rücken her bis nach der Laichabgabe zu umklammern. Zu den Laichgewässern zählen: Tümpel, Teiche, Weiher, Seen. Dort wird der Laich u. a. an vorjähriger Vegetation, Ast- und Wurzelwerk sowie Steinen in Form bleistiftdicker, bis mehrere Meter langer Gallertschnüre (2000–7000 Eier) abgesetzt (s. Foto S. 45). Nach dem Schlüpfen bilden die Larven Schwärme. Daran kann man deren Artzugehörigkeit sofort erkennen. Erwachsene Tiere findet man tagsüber in feuchten Unterschlüpfen (Erdlöcher, Mauerwerk; unter Wurzeln, großen Aststücken und Steinen); nachts gehen sie auf Beutesuche nach Schnecken, Würmern, Spinnen, Asseln und kleine Wirbeltieren.

Wechselkröte
Bufo viridis

Die Aussage von der »hässlichen Kröte« will auf die hübsche Wechselkröte so gar nicht passen. Die weißlich gefärbte Haut trägt grüne Flecken und rote Warzen. Die auch Grüne Kröte genannte Art kommt im Flach- und Bergland vor. Dort besiedelt sie vegetationsarme, trockene Areale, auch im menschlichen Siedlungsbereich. Dünengebiete, Flussniederungen, Gärten, Felder, Sand- und Kiesgruben werden als Lebensraum angenommen. Die sehr anpassungsfähige Kröte toleriert als östliches Steppentier Hitze, Kälte, Trockenheit und Brackwasser. Die vorwiegend dämmerungs- und nachtaktive Tierart ernährt sich von Würmern, Schnecken, und Insekten. Die Laichzeit fällt in die Monate April bis Juni. Die Männchen lassen dann ein anhaltendes helles Trillern »ürrr-ürrr-ürrr« erschallen. Es besteht keine Laichplatztreue. Die meist in vegetationsarmen Gewässern abgelegten Laichschnüre (Länge 2–4 m) enthalten ca. 12 000 Eier. 3 weitere, gefährdete oder stark gefährdete Krötenarten sollen nachstehend erwähnt werden. Aufgrund ihrer Lebensraumansprüche sind die **Kreuzkröte** *(Bufo calamita)*, die **Knoblauchkröte** *(Pelobates fuscus)* und die **Geburtshelferkröte** *(Alytes*

Als wahrer Anpassungskünstler erträgt die nur zur Laichzeit im Wasser anzutreffende Wechselkröte Hitze, Kälte und Trockenheit.

obstetricans) selten im menschlichen Siedlungsbereich anzutreffen. Sollten diese Arten den Weg in einem Gartenteich finden, wäre dies ein besonderes Ereignis. Auf ein paar interessante Besonderheiten sei an dieser Stelle hingewiesen. Die 3 Arten zeichnen sich durch ein gutes Grabvermögen aus. Darüber hinaus können Kreuz- und Knoblauchkröte gut schwimmen, gewandt klettern und relativ schnell springen bzw. laufen. Letzteres vermag die Kreuzkröte mit erhobenem Oberkörper. Kreuz- und Knoblauchkröte können mittels ihrer Hautdrüsen einen unangenehmen Geruch zur Abwehr von Feinden verbreiten, der bei der Knoblauchkröte knoblauchähnlich ist (Name!).

Von den genannten Arten paart sich die Geburtshelferkröte an Land. Dabei wickelt sich das Männchen die Eischnüre (20–100 Eier), die ihm vom Weibchen übergeben werden, um die Hinterbeine und trägt sie etwa 3–7 Wochen mit sich herum. Dann sucht es das Wasser auf und die »reifen« Larven schlüpfen aus den Eihüllen.

Laubfrosch
Hyla arborea

Der Laubfrosch ist mit einer Länge von 4–5 cm der kleinste unter den einheimischen Fröschen. Früher wurde er zuweilen wenig artgerecht in Einmachgläsern mit einer kleinen Leiter als »Wetterfrosch« gehalten. Das Symbol »Frosch mit Leiter« findet sich deshalb bis heute im Zusammenhang mit Wetterinformationen. Die zu den Baumfröschen zählende Art besitzt Haftscheiben an Zehen und Fingern, die das Klettern im Schilf, auf Büschen und Bäumen erleichtern. Dort verweilt der Frosch gern tagsüber und sonnt sich. Die Färbung des Körpers kann je nach Stimmungslage und Umweltgegebenheiten oberseits grasgrün, grau, braun, oder hellgelb sein. Durch einen schwarz-weißen Doppelstreifen ist die weiß gekörnte Bauchseite von der Oberseite getrennt.

Man findet den Laubfrosch vorwiegend im Tiefland an sonnenexponierten, vegetationsreichen Gräben, Tümpeln, Weihern, Seeufern und im Überschwemmungsbereich von Flüssen.

Ein guter Bestand an Röhricht, Hecken, Buschwerk und Bäumen ist Voraussetzung. Auch an Waldrändern, in Gärten und Parks ist er anzutreffen.

Der dämmerungs- und nachtaktive Frosch ernährt sich u. a. von Insekten, Spinnen und Asseln.

Die Laichzeit fällt in die Monate April bis Juni. Dann wird der Laubfrosch zum echten »Schreihals«, dessen kräftiger Ruf weit zu hören ist. Die Eier werden in Form eines walnussgroßen Laichklumpens im seichten Wasser abgelegt. Ab etwa August verlassen die etwa 1 cm großen »Minifrösche« das Wasser. Da Laubfrösche bei uns selten geworden sind, kann man mit einer Zuwanderung in unseren Gartenteich nur in wenigen Fällen rechnen.

Der Laubfrosch ist der lauteste einheimische Froschlurch.

Grasfrosch
Rana temporaria

Grasfrösche suchen nur zur Laichzeit das Wasser auf.

Der Grasfrosch ist die häufigste Braunfroschart in Europa. Der Frosch besitzt einen gedrungenen Körper (Länge bis 10 cm), eine abgerundete Schnauze und einen charakteristischen dunklen Schläfenfleck. Die Tiere weisen eine sehr variable Färbung auf (gelblich, hellbraun, dunkelbraun, rotbraun bis graubraun), meist mit dunklen Flecken und Tupfen auf der Oberseite. Der Bauch ist beim Männchen weißlich bis grau, beim Weibchen bräunlich bis rötlich gefleckt. Hinterbeine mit dunklen Querbändern. Gut erkennbar ist das Trommelfell innerhalb des Schläfenflecks; die Männchen tragen zur Laichzeit eine Brunstschwiele am Daumen.
Der Grasfrosch kommt vom Flachland bis ins Gebirge (max. 3000 m) vor. Er bewohnt im Sommer feuchte Laubwälder, Waldränder, Heide- und Riedflächen, Moore, Parks und Gärten. Die Überwinterung erfolgt im Bodenschlamm der Gewässer oder in Landverstecken. Unter den einheimischen Amphibien laicht der Grasfrosch am frühesten im Jahr. Schon im Februar wandern die Frösche zu ihren Laichgewässern, um sich dort zu paaren. Dabei kann es zu Massenwanderungen kommen. Die 1000–4000 Eier umfassenden Laichballen schwimmen an der Wasseroberfläche oder liegen am Gewässerrand (s. Foto S. 44). Nach dem Ablaichen verlassen die erwachsenen Frösche bald wieder das Wasser und führen ein tag- und nachtaktives Landleben. Bei großer Hitze oder Trockenheit verbergen sie sich tagsüber in Unterschlüpfen, um dann erst in der Nacht Insekten, Schnecken und Regenwürmer zu erbeuten.
Die Froschlarven, auch Kaulquappen genannt, wachsen in 7–16 Wochen heran, um sich dann zum Frosch umzuwandeln

Insbesondere während der Zeit des Abwanderns der Jungfrösche sollte man mit Gartenarbeiten (u. a. Umgraben, Hacken, Rasenmähen) in der Umgebung des Gartenteiches zurückhaltend sein. Vor allem dem Rasenmähen können ansonsten viele Jungfrösche zum Opfer fallen.

Entwicklungsschema des Grasfroschs.

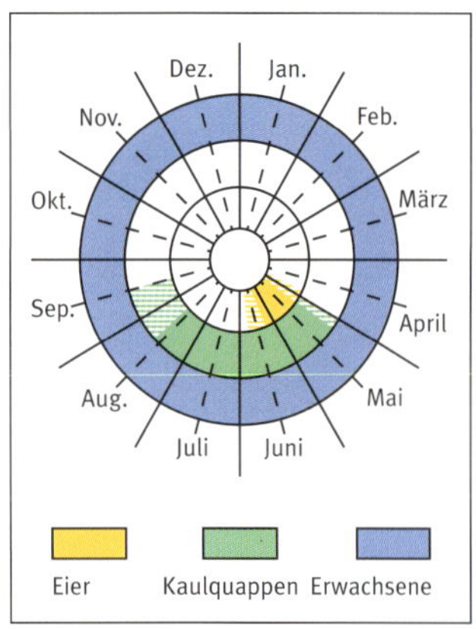

(Metamorphose). Wie andere Froschlurchlarven fressen sie Algen, aber auch Aas nehmen sie zu sich. Die Jungfrösche verbleiben länger am Gewässer, um dieses dann von Juni bis September, manchmal in großen Zahlen zu verlassen. Weitere Braunfroscharten sind der **Springfrosch** *(Rana dalmatina)* und der **Moorfrosch** *(Rana arvalis)*, die dem Grasfrosch in ihrer Lebensweise ähneln, jedoch wesentlich seltener anzutreffen sind.

Teich- und Wasserfrosch
Rana lessonae und *R. esculenta*

Teichfrosch und Wasserfrosch zählen zu den Grünfröschen. Sie sind für den Laien nur schwer zu unterscheiden. Von Wissenschaftlern wird der Wasserfrosch als Kreuzungsprodukt zwischen Teichfrosch und **Seefrosch** *(Rana ridibunda)* eingestuft. Der kleinere Teichfrosch (5–9 cm) unterscheidet sich vom größeren Wasserfrosch (9–12 cm) durch die kürzeren Hinterbeine und die größeren Fersenhöcker auf der Unterseite der ersten Zehe. Beide »Arten« weisen einen relativ spitzen Kopf mit gut sichtbarem Trommelfell auf. Die Männchen besitzen weißliche Schallblasen hinter den Mundwinkeln. Die Färbung kann je nach Gewässer, Vegetation, Stimmungslage, Tageszeit zwischen Hellgrün, Dunkelgrün oder Braun variieren. Oberseite mit schwarzbraunen Flecken und oft einem helleren Streifen in Längsrichtung. Bauch weißlich. Oberschenkel gelblich und schwarzbraun marmoriert. Beide Frösche besiedeln stehende bis langsam fließende, pflanzenreiche Gewässer sowie deren Umgebung im offenen und bewaldeten Gelände. Dabei bevorzugt der Teichfrosch eher kleinere Biotope (Tümpel, Gräben). Die Tiere halten sich im Frühjahr und Sommer im Wasser und im Uferbereich auf. Den Winter verbringen sie am Gewässergrund oder in Landverstecken. Die tagaktiven Tiere fressen Insekten, Schnecken, Würmer und Gliederfüßer, die im Sprung oder durch Hervorschnellen der Zunge erbeutet werden. Paarungszeit ist im April/Mai; die Laichballen (500–5000 Eier) sinken auf den Gewässergrund. Nach etwa 7 Tagen schlüpfenden 5–6 mm große Larven – für viele Wasserbewohner eine beliebte Beute.

Da beide »Arten« sehr standorttreu sind, sind sie für den Gartenteich gut geeignet. Für manchen Nachbarn weniger erfreulich ist allerdings das Froschkonzert zur Paarungszeit. Reicht man den Fröschen ab und zu einen Regenwurm, kehren sie immer wieder gern zu diesem Futterplatz zurück.

Der Wasserfrosch ist ein Kreuzungsprodukt zwischen Teichfrosch und Seefrosch.

Reptilien

Bei vielen Menschen sträuben sich beim Gedanken an Schlangen im Gartenteich die Haare. Dagegen werden die ebenfalls zu den Reptilien zählenden wasserlebenden Schildkröten eher als »putzig« angesehen. Dabei darf sich gerade der Gartenteichbesitzer glücklich schätzen, der an seinem Gartenteich die scheue und völlig harmlose Ringelnatter beobachten kann. Denn selbst wenn diese Art in der Umgebung vorkommen sollte, wird sie sich nur bei zusagender Lebensraumausstattung des Gartens, des Teiches und dessen Uferzone einstellen. Ihr Vorkommen ist somit ein Kompliment an den ökologischen Sachverstand des Gartenbesitzers.

Ringelnatter
Natrix natrix

Die harmlose Ringelnatter ist ein seltener Gast an Gartenteichen.

Die ungiftige Ringelnatter gilt als die häufigste unter unseren Schlangen. Ihre Feinde schreckt sie allenfalls mittels eines übel riechenden Drüsensekrets ab. Die Schlange ist am Rücken schiefergrau bis braun und am Bauch schmutzigweiß gefärbt, mit schwarzen Flecken bzw. dunkler Zeichnung. Typisch sind die schwarz umrandeten, weißlichen bis gelben halbmondförmigen Flecken hinter dem Kopf. Die Augen weisen eine runde Pupille auf. Während die Männchen kleiner bleiben (bis 70 cm), können die Weibchen 100–200 cm lang werden. Die Schlange lebt in Feuchtgebieten unterschiedlicher Art, z. B. Tümpeln, Teichen, Seen, Bächen und Mooren, aber auch in feuchten Wäldern und im Gebirge. Ringelnattern ernähren sich von Fischen, Fröschen, Kröten, Molchen und deren Larven. Gelegentlich werden auch Eidechsen und Mäuse erbeutet. Die Paarung findet im April/Mai statt. Die länglichen, taubeneigroßen Eier (30–70 Stück) werden an feuchtwarmen Brutplätzen, z. B. zwischen verrottendem Pflanzenmaterial, Moos oder in den Hohlräumen alter Baumstümpfe, abgelegt. An solchen Stellen findet auch die Überwinterung statt. Bei Gartenarbeiten empfiehlt es sich, an den genannten Brut- und Überwinterungsplätzen (Komposthaufen!) Vorsicht walten zu lassen.

Ringelnattern sonnen sich gern an ausgewählten Plätzen. Vorsichtiges Beobachten wird empfohlen, da die Schlange bei der geringsten Störung in einem Schlupfwinkel verschwindet oder im Gewässer abtaucht. Ein besonderes Erlebnis ist es, Ringelnattern bei der Jagd auf Fische oder Frösche beobachten zu können.

Europäische Sumpfschildkröte
Emys orbicularis

Die Europäische Sumpfschildkröte weist eine dunkelbraune bis schwarze Haut und einen Rückenpanzer (Länge 25–30 cm) auf, der mit gelblichen Sprenkeln und strahlenförmigen Linien versehen sind. Auf dem helleren Bauchpanzer finden sich dunkle Flecken. Weitere Merkmale sind ein relativ langer Schwanz sowie Schwimmhäute zwischen den Zehen. Ihr ursprüngliches Vorkommen liegt vermutlich östlich der Elbe. Alle anderen Populationen in Deutschland wurden durch den Menschen begründet. Die Tiere besiedeln bevorzugt stehende oder langsam fließende Gewässer mit reicher Ufervegetation. Im April/Mai werden 10–15 etwa taubeneigroße Eier in einer selbst gegrabenen Erdgrube abgelegt. Die Überwinterung findet am Boden der Gewässer statt. Die Nahrung besteht aus Fischen, Amphibien (inklusive Laich und Larven), wasserlebenden Wirbellosen, Insekten und Würmern. Wegen ihrer Gefräßigkeit können sie andere Tiere im Gartenteich merklich dezimieren oder deren Überleben gänzlich unterbinden, z. B. von Amphibien.

Die Europäische Sumpfschildkröte ist die einzige einheimische und am besten angepasste Art. Sicherlich können auch andere europäische Arten wie z. B. die **Maurische Wasserschildkröte** *(Mauremys leprosa)* und die **Kaspische Wasserschildkröte** *(Mauremys caspica rivulata)* sowie nordamerikanische Arten (u. a. **Rotwangen-Schmuckschildkröte,** *Trachemys scripta elegans)* im Gartenteich gepflegt werden. Doch allzu häufig wird durch ein Entkommen dieser Tiere in die freie Landschaft die einheimische Fauna verfälscht oder teilweise sogar verdrängt. So findet man nicht bei uns heimische Schildkrötenarten inzwischen in Parkteichen, Weihern, Seen sowie in Auegebieten größerer Flüsse. Mittlerweile sollen hier Einfuhr- und Vermarktungsverbote für Abhilfe sorgen.

Mit etwas Geduld kann man Schildkröten so an sich gewöhnen, dass sie sogar das angebotene Futter aus der Hand nehmen.

Die einheimische Sumpfschildkröte ist die für unsere Breiten am besten angepasste Schildkrötenart.

Insekten

Insekten (Insecta) sind die artenreichste Tiergruppe auf der Erde – etwa 1 Million Arten sind bekannt, wesentlich mehr noch gar nicht entdeckt. Diesen großen entwicklungsgeschichtlichen Erfolg verdanken sie ihrer enormen ökologischen Flexibilität (sie besiedeln fast alle Lebensräume) und einer Vielfalt besonderer Merkmale. Eines davon ist ihr Außenskelett. Seine Teile sind – insbesondere an den Extremitäten – durch elastische Gelenkhäutchen verbunden, sodass die Tiere sozusagen in einer schützenden, aber beweglichen Ritterrüstung stecken. Gleiches gilt übrigens auch für Spinnen- und Krebstiere, die wegen dieses Merkmals mit den Insekten als Gliederfüßer (wegen der gegliederten Beine) zusammengefasst werden.

Solch ein Panzer hat freilich auch Nachteile – er kann nämlich nicht wachsen. Deshalb müssen Insekten (und die anderen Gliedertiere) von Zeit zu Zeit aus ihrem Panzer schlüpfen, sich also häuten. Unter dem alten ist ein neuer, noch weichhäutiger angelegt, der gedehnt werden kann, z. B. indem Luft aufgenommen wird oder Körperflüssigkeiten umverteilt werden. Nur in dieser Zeit wachsen Insekten. Sie sind dann in ihren Bewegungen und in ihrer Wehrhaftigkeit sehr beeinträchtigt, weshalb sie sich zur Häutung meist verbergen.

In ihrer Gesamtentwicklung folgen Insekten zwei verschiedenen Strategien. Generell bezeichnet man die Jungen, die aus dem Ei schlüpfen, als Larven, die fertig entwickelten, geschlechtsreifen Tiere als Imagines oder Vollinsekten, den Gestaltswandel von der Larve zur Imago als Metamorphose. Bei manchen Gruppen, etwa Wanzen und Heuschrecken, wachsen die Larven von Häutung zu Häutung heran und werden dabei den Erwachsenen immer ähnlicher, z. B. werden die (noch nicht einsatzfähigen) Flügel immer größer. Man bezeichnet das als unvollkommene Verwandlung oder Hemimetabolie. (Die Ähnlichkeit zwischen Larve und Imago ist allerdings nicht immer auffällig, vgl. z. B. Libellen.)

Vollkommen (holometabol) ist eine Verwandlung, wenn zwischen Larven- und Erwachsenenstadium eine so genannte Puppe zwischengeschaltet ist. Bei solchen Arten, etwa Käfern und Mücken, sehen die Larven meist völlig anders aus als die Imagines. Aus der letzten Larvenhäutung geht die Puppe her-

Die Larve des Wasserskorpions ähnelt bereits der späteren Imago (vgl. S. 78), allerdings sind die Flügel nur als Stummel angelegt und das Atemrohr ist kurz.

Die Larve des Gelbrandkäfers – hier beim Luftholen – zeigt keine Ähnlichkeit mit der späteren Imago (vgl. S. 69).

vor, ein meist wenig oder nicht bewegliches Ruhestadium (Ausnahmen siehe bei Mücken), das häufig im Boden oder an anderen geschützten Stellen verborgen ist. Während der Puppenruhe finden tief greifende, die Gestalt und Organe betreffende Umbauprozesse statt, und nach der Puppenruhe, die oft die Winterruhe einschließt, schlüpft dann das fertige, geschlechtsreife Insekt.

Libellen

Die Insektenordnung der Libellen (Odonata) umfasst weltweit etwa 3 700 Arten; davon kommen in Deutschland rund 70 Arten vor. Libellen sind ein Überbleibsel aus der Urzeit, es gibt sie schon seit über 300 Millionen Jahren. Von Fossilfunden weiß man, dass im Perm-Zeitalter Libellen mit einer Flügelspannweite von 75 cm existiert haben, das heißt sie waren etwa so groß wie ein Turmfalke! Unsere heutigen Libellen dagegen sind mittelgroße bis große, schlanke Insekten mit einem langen oft bunt gefärbten Hinterleib und 2 Paar Flügeln. Sie werden zwischen 20 und 85 mm groß und haben Flügelspannweiten zwischen 15 und 85 mm. Libellen sind richtige Luftakrobaten: Sie können, im Gegensatz zu anderen Insekten, ihre Vorder- und Hinterflügel unabhängig voneinander bewegen. Dadurch sind sie in der Lage vorwärts wie rückwärts zu fliegen sowie wie ein Helikopter in der Luft zu stehen. Bedingt durch eine stark ausgeprägte direkte und indirekte Flugmuskulatur können Libellen Spitzengeschwindigkeiten von bis zu 50 km/h erreichen. Auffällig sind auch die leistungsstarken, großen Facettenaugen, die aus bis zu 30 000 Einzelaugen zusammengesetzt sind und der Libelle ein Bild ihrer Umgebung vermitteln, wie wir es etwa als gerastertes Zeitungsphoto kennen. Libellen ernähren sich räuberisch von anderen Insekten, die sie oft im Flug erbeuten. Einem sich hart-

Die Paarung der Libellen ist eine der außergewöhnlichsten im gesamten Tierreich. Mit etwas Glück können Sie dieses sehr komplexe Schauspiel, das je nach Art sitzend oder aber auch im Flug(!) durchgeführt wird, sogar am Gartenteich beobachten. Zur Paarung packt das Männchen zunächst das Weibchen mit den Hinterleibszangen an Brust (Kleinlibellen) oder Nacken (Großlibellen). So entsteht ein »Tandem« (Foto S. 60), das man auch häufig im Flug beobachten kann. Anschließend übertragen die Männchen durch Krümmen des Hinterleibs nach unten und vorn das Sperma aus der am Hinterleibsende gelegenen Geschlechtöffnung in eine spezielle Samentasche am Vorderende des Hinterleibs. Danach streckt das Männchen seinen Hinterleib wieder, während das Weibchen seinen Hinterleib nach unten und vorn krümmt und so seine ebenfalls am Hinterleibsende gelegene Geschlechtsöffnung an der Samentasche des Männchens einhakt. Auf diese Weise entsteht das typische »Paarungsrad« der Libellen (Foto S. 65), das je nach Art wenige Minuten, aber auch bis zu 1 Stunde bestehen kann. Bei vielen Arten bleiben die Partner während der anschließenden Eiablage als »Tandem« verbunden.

näckig haltenden und weit verbreitenden Irrglauben zum Trotz sind Libellen völlig harmlos und können weder stechen noch beißen und sind auch nicht giftig. Die Libellen werden in 2 leicht voneinander zu unterscheidende Unterordnungen unterteilt,

Kleinlibellenlarven sind am schlanken Körperbau und den Hinterleibsanhängen gut zu erkennen.

Großlibellenlarven haben einen plumpen Körperbau, ihr Hinterleib ist meist abgeflacht.

die Kleinlibellen (Zygoptera) und die Großlibellen (Anisoptera): **Kleinlibellen** erkennt man an ihrem schlanken, zarten Hinterleib, Vorder- und Hinterflügel sind gleich groß und gleich gestaltet, in Ruhestellung liegen sie flach über dem Hinterleib oder werden schräg nach hinten ausgebreitet. Die Augen stoßen an der Kopfoberseite nicht zusammen. Die **Großlibellen** sind dagegen von wesentlich kräftigerer Gestalt. Die Hinterflügel sind an der Basis verbreitert und dadurch größer als die Vorderflügel. In Ruhehaltung werden die Flügel seitwärts waagrecht vom Körper weggestreckt. Die Augen treffen fast immer in der Kopfmitte zusammen.

Die Eiablage verläuft bei den einzelnen Arten ganz unterschiedlich. Die Weibchen mancher Arten schieben ihre Eier mit ihrem Legebohrer in pflanzliches Gewebe, bei anderen Arten werden die Eier sogar unter Wasser abgelegt. Viele Großlibellenarten werfen die Eier im Flug ab. Bei einer ganzen Reihe von Arten erfolgt die Eiablage im »Tandemflug« von Männchen und Weibchen.

Die zunächst noch sehr kleinen Larven schlüpfen bei den meisten Arten im Frühjahr. Sie wachsen nach 7–15 Häutungen zu mehreren Zentimetern Größe heran. Je nach Art und Lebensumständen dauert die Entwicklung zum fertigen Insekt einige Monate oder aber auch mehrere Jahre. Libellen haben eine so genannte unvollständige Entwicklung und gehören daher zu den »hemimetabolen« Insekten, d. h. die Larve ähnelt (mit Ausnahme der Flügel) schon dem fertigen Insekt, ein Puppenstadium fehlt.

Libellenlarven sind sehr gefräßig und fressen nahezu alles, was sie überwältigen können. Normalerweise besteht ihre Nahrung aus Kleinkrebsen und Insekten, aber manchmal erbeuten Sie auch Kaulquappen und kleine Fische. Ein charakteristisches Merkmal aller Libellenlarven ist die Fangmaske. Dieses aus der Unterlippe gebildete Organ be-

Libellenlarven erbeuten ihre Nahrung mit Hilfe ihrer Fangmaske.

Plattbauch bei der Häutung: Aus der Larvenhülle (rechts) ist bereits das geflügelte, noch nicht ausgefärbte erwachsene Insekt geschlüpft.

sitzt am Vorderende eine kräftige Greifzange und wird in der Ruhestellung scharnierartig unter Kopf und Vorderbrust zusammengefaltet. Sobald ein Beutetier in die Nähe kommt, schnellt die Fangmaske blitzschnell hervor, erfasst es und führt es zum Zerkleinern zum Mund.
Zur Fortbewegung benutzen die Libellenlarven normalerweise ihre Beine. Über größere Strecken können jedoch Großlibellenlarven mit Hilfe der Rückstoßtechnik wie eine Rakete durch das Wasser schießen, wobei Wasser in den Enddarm eingesaugt und mit hohem Druck wieder ausgepresst wird. Diese Technik wird häufig bei der Flucht eingesetzt.
Die Larven von Groß- und Kleinlibellen sind prinzipiell gleich gebaut, unterscheiden sich jedoch durch einige leicht zu erkennende Merkmale: Kleinlibellenlarven sind schmaler gebaut und tragen am Hinterleib 3 auffällige blattförmige Anhänge – die Tracheenkiemen. Großlibellenlarven dagegen sind breiter gebaut und sie haben ihre Tracheenkiemen in den Enddarm verlagert. Stattdessen tragen sie meist ein paar kräftige Dornen am Hinterleib, die auch als Waffen eingesetzt werden können.

Einige Tage vor der Verwandlung zum Vollinsekt stellen die Larven das Fressen ein. Für den Häutungsprozess verlassen die schlupfbereiten Larven das Wasser und entwickeln sich am Land zum fertigen Insekt.
Alle Libellenarten stehen in Deutschland unter Naturschutz.

Um die Metamorphose der Libellenlarven zu fertigen Insekten zu beobachten, müssen Sie früh aufstehen, denn die meisten Arten schlüpfen in der Morgendämmerung. Für den Häutungsprozess suchen sich die Larven meist einen Pflanzenstängel zum Hochklettern. Hat die Larve eine geeignete Stelle und ihre endgültige Position gefunden, pumpt sie Blut in Kopf und Brust und schluckt gleichzeitig Luft. Hierdurch reißt die so gedehnte Larvenhaut entlang der Rückennaht auf und aus dem entstandenen Spalt entsteigt die Imago. Die noch weichhäutige Libelle bleibt dann eine Weile in der Nähe der leeren Larvalhaut (Exuvie) sitzen, damit ihr Körper aushärten kann. Anschließend wird Blut in die Flügeladern gepresst, die sich durch den Druck strecken und die Flügel entfalten. Noch bevor die Flügel vollständig sklerotisiert (ausgehärtet) sind, startet die Libelle dann zu ihrem Jungfernflug.

Große Pechlibelle
Ischnura elegans

Der Thorax der Männchen dieser häufig anzutreffenden Kleinlibelle ist blau, der Hinterleib auf der Oberseite fast vollkommen schwarz gefärbt. Nur das 8. Segment ist leuchtend hellblau. Dies ist ein wichtiges Unterscheidungsmerkmal zur **Kleinen Pechlibelle** *(Ischnura pumilio)*, bei der sich dieses so genannte »Schlusslicht« auf dem 9. Hinterleibssegment befindet. Die Weibchen treten in unterschiedlichen Farbvariationen auf, die sich im Laufe ihrer Lebenszeit verändern. Die Körperlänge beträgt 30 mm, die Flügelspannweite liegt zwischen 30 und 40 mm. Die Flugzeit reicht von Mai bis September.
Insbesondere im Juni und Juli kann man die Große Pechlibelle häufig beobachten. Die recht anspruchslose Art ist sehr scheu und setzt sich jeweils nur für wenige Augenblicke auf ein Blatt. Nach Auflösung des Paarungsrades fliegen die Weibchen alleine zur Eiablage. Hierzu werden knapp über oder unter der Wasseroberfläche Stängel von Pflanzen angestochen. Die Eiablage ist schwer zu beobachten, da sie meist in den Abendstunden und an versteckten Stellen stattfindet, um eine Belästigung durch Männchen zu vermeiden. In warmen Sommern kann es 3 Generationen geben.

Tandembildung bei der Großen Pechlibelle.

Hufeisen-Azurjungfer
Coenagrion puella

Diese Kleinlibelle bevorzugt kleinere stehende Gewässer mit reicher Krautschicht. Die Männchen der Hufeisen-Azurjungfern sind hellblau gefärbt, mit einer schwarzen Zeichnung auf den Hinterleibssegmenten und einem namensgebenden »Huf-

Hufeisen-Azurjungfer bei der Eiablage mit angekoppeltem Männchen.

eisen« auf dem Rücken des 2. Segments (man zählt die Hinterleibssegmente von vorn her). Die Weibchen sind eher grünlich, selten blau gefärbt; ihre Hinterleibszeichnungen sind ausgedehnter und kräftiger als beim Männchen. Die sehr schlanke Libellenart hat eine Körperlänge vom ca. 35 mm bei einer Flügelspannweite von 40–50 mm. Die Hufeisen-Azurjungfern fliegen von Mai bis September; eine einzelne Libelle lebt jedoch nur etwa 4 Wochen.

Nach der Paarung erfolgt die Eiablage in Tandemstellung, wobei das Männchen senkrecht wie ein »Wachturm« über dem Weibchen steht, um es vor anderen paarungswilligen Männchen abzuschirmen. Die Larven schlüpfen nach 2–3 Wochen und überwintern im Wasser zwischen Wasserpflanzen. Im späten Frühjahr des darauf folgenden Jahres verlassen sie das Wasser, um sich an Pflanzenstängeln durch eine letzte Häutung in ein erwachsenes Tier zu verwandeln.

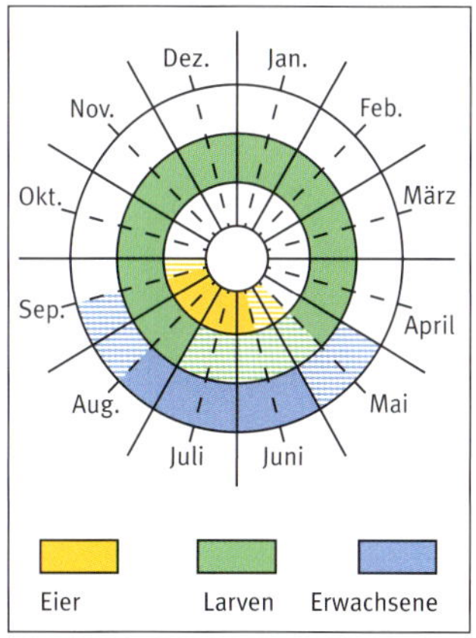

Entwicklungsschema der Hufeisen-Azurjungfer.

Gewöhnliche Binsenjungfer
Lestes sponsa

Bei der Gewöhnlichen Binsenjungfer hat das Männchen eine grünmetallische, das Weibchen oft eine kupferfarbene Grundfärbung. Charakteristisch auf dem Hinterleib des Männchens sind hellblaue Ringe auf dem 1. und 2. sowie auf dem 8 –10. Segment. Die mit einer Körperlänge von rund 35 mm und einer Flügelspannweite von bis zu 50 mm eher kleine und zierliche Kleinlibelle ist häufig und lebt vor allem an Teichen mit reicher Vegetation. Die Weibchen sind etwas kleiner als die Männchen. Die Libellen sitzen in Ruhe stets an senkrecht stehenden Halmen, wobei ihr Körper einen Winkel von etwa 60° zur Unterlage bildet und die Flügel im Gegensatz zu vielen anderen Kleinlibellen halb geöffnet sind (vgl. Foto). Nach der Paarung legen die Weibchen im Tandemflug die Eier in die Stängel von Wasserpflanzen. Im April des nächsten Jahres schlüpfen dann die Larven, die sich 9-mal häuten. Die erwachsenen Libellen schlüpfen im Juni.

Gewöhnliche Binsenjungfer in typischer Ruhestellung mit halb geöffneten Flügeln. Diese zierliche und eher unscheinbare Libelle ist meist an Gartenteichen mit ausreichendem Bewuchs anzutreffen. Oft auch an Gewässern, die regelmäßig abgelassen werden, wie z.B. Fischteiche.

Die Frühe Adonislibelle ist nur wenig fluglustig.

Frühe Adonislibelle
Pyrrhosoma nymphula

Diese zierliche Kleinlibelle ist leicht an ihrer leuchtend roten Färbung zu erkennen. Der Hinterleib trägt bei den Männchen nur ab dem 7. Segment, bei den Weibchen dagegen auf allen Segmenten schwarze Querstreifen. Die Flügelspannweite beträgt 35–50 mm bei einer Körperlänge von 30–40 mm. Bei uns ist die Frühe Adonislibelle zwischen Mai und August zu sehen.
Die wenig fluglustige Libellenart bevorzugt Teiche mit dichter Vegetation, da sie gerne versteckt sitzt. Dies ist auch der Grund, warum sie trotz häufigen Vorkommens oft übersehen wird. Die Paarung findet im späten Frühjahr meist in den frühen Morgenstunden statt. Das Weibchen sticht die Eier in Tandemstellung, also mit angekoppeltem Männchen, mit seinem Legebohrer in verschiedene Wasserpflanzen ein. Dabei können beide Partner unter die Wasseroberfläche gehen. Die Larven überwintern im letzten Larvenstadium und schlüpfen im April/Mai des Folgejahres.

Plattbauch
Libellula depressa

Charakteristisch für diese Großlibelle ist der abgeflachte, breite Hinterleib, der dieser Art auch ihren Namen eingebracht hat. Weitere Kennzeichen sind die dunkelbraune Färbung der Flügelbasen sowie eine Reihe gelber Flecken an den Hinterleibsseiten. Die älteren Männchen sind blau gefärbt, während Weibchen und junge Männchen einen unscheinbar gelblichbraunen Hinterleib haben. Die Flügelspannweite liegt zwischen 5 und 7 cm, die Körperlänge beträgt rund 5 cm.

Der Plattbauch gehört zu den besten Fliegern unter den Libellen; er kann fast unvermittelt vom rasanten Vorwärtsflug zu einem kolibriartigen Schwirrflug auf der Stelle wechseln. Die Flugzeit dauert von Mai bis August.
Der Plattbauch ist ein ausgezeichneter Jäger, der auch auf Buschwerk seiner Beute auflauert. Auffällig ist, dass die Männchen auf Dauer einem Revier treu bleiben, während die Weibchen stets weiterziehen, ohne heimisch zu werden. Die Paarung des Plattbauchs ist mit etwa 30 Sekunden sehr kurz und

Der abgeflachte, breite Hinterleib macht den Plattbauch unverwechselbar.

dementsprechend nur selten zu beobachten. Das Weibchen wirft im Flug die befruchteten Eier in bewachsene Gewässerränder. Dabei wird es vom Männchen aus der Luft bewacht. Etwa 4 Wochen später schlüpfen dann die Larven, die für ihre Entwicklung zum fertigen Insekt 2 Jahre benötigen und sich von Kleinkrebsen und Insektenlarven ernähren. Im Winter und in Trockenperioden graben sich die Larven im Schlamm ein. Der Plattbauch ist eine so genannte Pionierart und daher oft die erste Libellenart, die sich an einem neu angelegten Gartenteich einstellt. Nach Störungen kehrt er gerne wieder an seinen »Stammplatz« zurück.

Vierfleck
Libellula quadrimaculata

Eindeutiges Bestimmungsmerkmal dieser sehr häufigen Großlibellenart sind die 4 dunklen Flecken in der Mitte des Vorderrandes aller Flügel. Diese Flecken haben auch der Art ihren Namen gegeben. Beide Geschlechter haben einen beigebraunen Hinterleib mit einem dunklen Fleck an der Spitze. Der Vierfleck besitzt eine Körperlänge von 35–50 mm und eine Flügelspannweite von 70–85 mm. Am Gartenteich kann der Vierfleck zwischen Mai und September beobachtet werden. Der Ansitzjäger ernährt sich von allerlei Kleininsekten. Oft sieht man ihn sein Revier gegen den Plattbauch und andere Libellen verteidigen. Die Paarung erfolgt im Flug und dauert im Höchstfall 1 Minute. Die 20–40 Eier werden vom Weibchen im freien Flug ins Wasser abgegeben. Die Entwicklungszeit der Larven hängt von der Wassertemperatur ab und dauert bis zur fertigen Libelle 1–3 Jahre. Der Vierfleck ist eine Wanderart. Früher konnte man Verbände aus Millionen von Tieren bei Massenwanderungen beobachten. Diese Zeiten sind jedoch längst vorbei.

Der Vierfleck hat eine geringe Fluchtdistanz und lässt sich deshalb gut aus der Nähe beobachten.

Wer einmal eine Libelle in Ruhe aus der Nähe beobachten will, sollte dies bei einem Vierfleck versuchen, denn nicht umsonst gehört diese Art zu den am häufigsten fotografierten Libellenarten. Dies hängt zum einen natürlich mit seinem prächtigen Aussehen, zum anderen aber auch mit seiner enormen Zutraulichkeit zusammen. Er hat eine so geringe Fluchtdistanz, dass man ihm im Gegensatz zu anderen Arten sehr nahe kommen kann. Eine gute Beobachtungszeit sind die Mittagsstunden, wenn sich der Vierfleck auf Halmen oder Zweigen in der Sonne ausruht.

Eine der häufigsten Libellen am Gartenteich – die Blaugrüne Mosaikjungfer.

Blaugrüne Mosaikjungfer
Aeshna cyanea

Ein typischer Bewohner von Gartenteichen ist die Blaugrüne Mosaikjungfer. Das bis 80 mm große Insekt mit einer Spannweite bis 110 mm ist wohl die bekannteste Libelle überhaupt. Kennzeichnend für diese anspruchslose und sehr anpassungsfähige Edellibelle sind die umgekehrt T-förmige schwarze Zeichnung auf der Stirn und die gelbgrünen Seitenstreifen auf der Brust. Der Hinterleib trägt blaugrüne Doppelflecken (Name!); am Hinterleibsende befinden sich beim Männchen 3 himmelblaue Flecken.
Mosaikjungfern erbeuten ihre Nahrung im Flug. Nebenbei wird auch noch das Revier gegen andere Männchen verteidigt.
Die Blaugrüne Mosaikjungfer ist sehr neugierig und löst, obwohl sie wie alle Libellen vollkommen harmlos ist, ein gewisses Unbehagen aus, wenn sie ihrerseits einem Beobachter sehr dicht an das Gesicht fliegt. Die Eier werden, meist über Wasser, in Moos oder verrottende Pflanzenteile abgelegt. Die Schlüpfzeit der Larven beginnt Anfang Juni. Dazu kriechen die Larven an im Wasser stehenden Sumpfpflanzen empor. In dieser Phase werden viele der schlüpfenden Libellen das Opfer von Amseln und Sperlingen, die schon in der Umgebung auf diese willkommene Mahlzeit gewartet haben.

Stellen Sie doch einfach mal die Populationsgröße der Blaugrünen Mosaikjungfer an ihrem Gartenteich fest. Dazu müssen Sie nur den ganzen Frühsommer hindurch die an den Wasserpflanzen zurückbleibenden Larvenhäute (Exuvien) absammeln. An den Exuvien lässt sich auch im Nachhinein noch relativ einfach das Geschlecht der geschlüpften Libelle feststellen: Bei Exuvien weiblicher Tiere ist deutlich die Anlage des Legebohrers auf der Unterseite des Hinterleibes zu sehen.

Braune Mosaikjungfer
Aeshna grandis

Die Braune Mosaikjungfer ist durch ihre rostrote bis braune Färbung von Körper und Flügeladern unverkennbar. Hinterleib und Flügelbasen tragen auffällige himmelblaue Flecken. Die Großlibellenart zählt aufgrund ihrer Größe von bis zu 60 mm und ihrer farbigen Flügel zu den imposantesten heimischen Libellenarten. Sie ist nicht wählerisch in Bezug auf ihren Lebensraum und daher auch öfters an Kleingewässern wie einem Gartenteich anzutreffen. Sie tritt meist in viel geringerer Individuenzahl auf als die zur gleichen Gattung gehörende Blaugrüne Mosaikjungfer.
Die Braune Mosaikjungfer hat ein großes Flugrevier und ist

tagsüber ein wahrer Dauerflieger – nur selten sieht man sie sitzen. Sie kann ausgezeichnet segeln und unterbricht ihren Segelflug nur gelegentlich durch eine kurze Serie von Flügelschlägen. Flugzeit ist von Juni bis Oktober. Die Eier werden in morsches Holz oder angefaulte Pflanzenteile gesteckt. Sie überwintern. Die Gesamtentwicklung dauert 2–3 Jahre.

Die Braune Mosaikjungfer ist an der rostbraunen Färbung von Körper und Flügeln leicht zu erkennen.

Gewöhnliche Heidelibelle
Sympetrum vulgatum

Diese Großlibelle ist häufig an pflanzenreichen Gartenteichen oder Fischweihern anzutreffen. Sie erreicht eine Körpergröße von 35–40 mm. Bei den Männchen ist der Hinterleib leuchtend rot, bei den Weibchen zuerst gelbbraun, später dunkelbraun gefärbt. Beide Geschlechter sind an den Flügelwurzeln durch einen roten Fleck gekennzeichnet. Die Beine sind außen gelb gestreift. Die Art bleibt meist in Gewässernähe. Die Flugzeit beginnt im Juli und endet im November. Die letzten Libellen schlüpfen manchmal erst im September. Die Paarung erfolgt meist sitzend am Boden. Nach der Paarung öffnet sich das Paarungsrad und das Paar fliegt als Tandem zur Eiablage. Diese erfolgt in das offene Wasser oder ans Ufer. Die Art überwintert im Ei- oder Larvenstadium. Die Larven, die für ihre Entwicklung etwa 3 Monate benötigen, vergraben sich meist im Schlamm und wirken deshalb immer sehr »schmutzig«. Es gibt 7 weitere Arten der Gattung *Sympetrum* in Mitteleuropa, z. B. die **Große Heidelibelle** *(Sympetrum striolatum)*, die oft nur sehr schwierig voneinander zu unterscheiden sind.

Entwicklungsschema der Gewöhnlichen Heidelibelle.

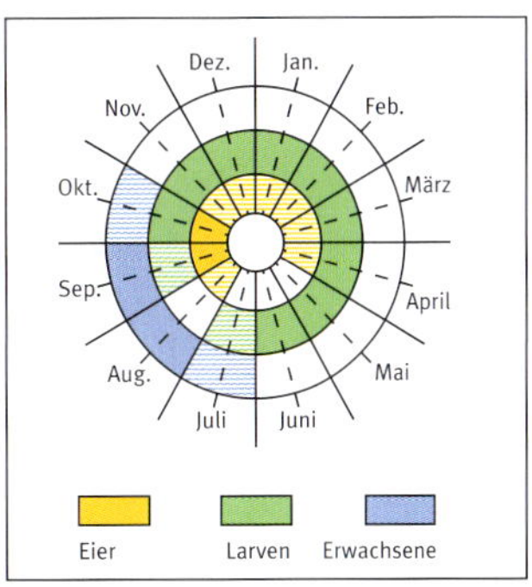

Typisches Paarungsrad bei der Gewöhnlichen Heidelibelle.

Käfer

Käfer sind die artenreichste Gruppe (eine Ordnung: Coleoptera) der Insekten. Sicher kennen Sie etliche landlebende Arten, etwa die Marien- oder die Maikäfer. (Fast) alle Käfer kann man leicht an ihren 2 harten Deckflügeln (Elytren) erkennen, die den Hinterleib bedecken, und dem meist großen, etwa rechteckigen Halsschild davor. Beim Fliegen werden die Deckflügel starr abgespreizt und die unter ihnen verborgenen großen, zusammengelegten, häutigen Hinterflügel entfaltetet. Sie sind das eigentliche Flugorgan.

Diese Merkmale gelten natürlich auch für die im Wasser lebenden Arten. Sie werden je nach Verwandtschaft in verschiedenen Familien zusammengefasst. In einem Gartenteich findet man fast ausschließlich Vertreter der Schwimmkäfer, Wassertreter und Wasserkäfer. Mit einiger Übung wird es Ihnen bald gelingen, die Zugehörigkeit eines Käfers zu einer der Familien zu erkennen (die Tabelle rechts hilft Ihnen dabei) – und Sie wissen damit schon eine ganze Menge über die Art (auch wenn der genaue Name nicht bekannt ist). Auf den folgenden Seiten stellen wir einige typische Vertreter vor.

Die Angehörigen der verschiedenen Käferfamilien unterscheiden sich nicht nur hinsichtlich ihres Aussehens und Verhaltens (Schwimmtechnik), sondern beispielsweise auch in ihrer Ernährungsweise. Trotz einiger artspezifischer Besonderheiten gilt Folgendes generell: Die Wasserkäfer und Wassertreter sind Pflanzenfresser, die Schwimmkäfer gefräßige Räuber. Letztere ergreifen ihre Beute mit den Vorderbeinen und geben dann ein Giftsekret ab, um das Opfer zu lähmen. So können z. B. Gelbrandkäfer größere Tiere wie Kaulquappen oder Fische überwältigen. Die Beute wird mit den kräftigen Kieferzangen (Mandibeln) zerkleinert und verschlungen.

Dass Larven oft eine ganz andere Lebensweise und Ernährung haben wie die voll entwickelten Geschlechtstiere, zeigt sich auch bei den Käfern. Nur die Larven der Wassertreter leben wie ihre Eltern vegetarisch. Hingegen sind die Larven der Wasserkäfer – im Gegensatz zu den Erwachsenen – Räuber, ähnlich wie die Schwimmkäferlarven.

Gerade für Larven ist der Überlebenskampf hart. Sie müssen (im Allgemeinen) während der kurzen Sommerperiode ihre gesamte Entwicklung abschließen, also die Wachstumsphase durchlaufen, denn Käfer wachsen ja nicht mehr. Und das heißt fressen, fressen und nochmals fressen. Von Larven des Gelbrandkäfers ist bekannt, dass sie innerhalb von 5–6 Wochen 800–900 Kaulquappen von etwa 20 mm Länge erbeuten (das sind im Schnitt 20 pro Tag).

Ist das Nahrungsangebot reich-

Käfer müssen zum Luftschöpfen an die Wasseroberfläche kommen. Das ist oft die einzige Situation, in der man die ansonsten in der Tiefe oder der Vegetation verborgenen Tiere beobachten kann. Bei genauem Hinsehen werden Sie erkennen, wie die Käfer die Wasseroberfläche berühren und wie sie schwimmen. Wenn Sie eine Reihe von Beobachtungen haben machen können und die Angaben in der Tabelle rechts unten hinzuziehen, wird es Ihnen leicht möglich sein, die Zugehörigkeit des Käfers zu einer Familie zu erkennen, auch ohne dass Sie ihn herausfangen, um ihn genauer zu betrachten. Das gilt übrigens nicht nur für die Käfer. Auch andere Tiere, die man im Wasser entdeckt, kann man oft sehr genau anhand ihres Verhaltens (vor allem ihrer Bewegungen) identifizieren.

Hier hat eine Gelbrandlarve eine Kaulquappe erwischt und saugt sie mit ihren hohlen Kieferzangen aus.

lich, wachsen die Larven schnell. Bei Nahrungsknappheit ändern manche Arten ihre Jagdstrategie. Lauerjäger, die nur dasitzen und auf Beute warten, gehen nun aktiv auf Beutefang. Und viele Käferlarven schrecken auch vor dem Töten eigener Artgenossen nicht zurück – sie sind zugleich Jäger und Gejagte. Kein Wunder, dass bei derart »harten« Lebensbedingungen die Evolution jene Arten begünstigt hat, die am effizientesten mit den Ressourcen an Nahrung (aber auch allen anderen) umgehen. So besitzen die Schwimmkäferlarven hochwirksame Mundwerkzeuge. Ihre Kieferzangen sind dolchförmig gebogen und mit einer Rinne bzw. einem Kanal versehen. Durch diesen injizieren sie ihrem Beutetier ein starkes Gift und Verdauungssekrete. Das Opfer wird dadurch nicht nur getötet, sondern auch binnen Minuten vorverdaut, also inwendig verflüssigt. Die Käferlarve braucht nun die »Nährflüssigkeit« nur noch auszusaugen, wozu ihr wiederum die hohlen

Merkmale der wichtigsten im Wasser lebenden Käferfamilien

	Schwimmkäfer	Wassertreter	Wasserkäfer
Größe	alle Größen von 2–45 mm	2–5 mm, meist etwa 3 mm	1–50 mm, aber größer 9 mm nur die seltenen Stachel- und Kolbenwasserkäfer
Körperform	länglich-oval, flach; stromlinienförmig	aufgewölbt-tropfenförmig	oval-aufgewölbt
Schwimmen	geradlinig schnell; beide Hinterbeine schlagen gleichzeitig	paddelnd, wenig kraftvoll; beide Hinterbeine schlagen alternierend	paddelnd, wenig kraftvoll; beide Hinterbeine schlagen alternierend
Luftschöpfen	mit Hinterleib	mit Hinterleib	mit Vorderkörper
Fühler	fadenförmig, lang	fadenförmig, lang	gekeult, kurz (nicht mit den oft langen Kiefertastern verwechseln)

Kieferzangen dienen sowie die wie eine Saugpumpe wirkende Mundhöhle. Den Vorgang können Sie leicht selbst beobachten, wenn Sie eine Larve gemeinsam mit potenziellen Beutetiere für einige Tage in einem Mini-Aquarium halten.

Die beschriebene Ernährungsweise hat für die Käferlarven noch einen weiteren enormen Vorteil. Beim Fressen im Wasser wird es immer passieren, dass Nahrungspartikel, insbesondere die flüssigen, weggespült werden – nicht aber bei den Schwimmkäferlarven.

Auch die Larven der Wasserkäfer stehen vor diesem Problem. Da sie keine hohlen Kieferzangen besitzen, haben sich viele Arten eine andere Lösung zu eigen gemacht. Haben sie ein Opfer erbeutet, begeben sie sich zur Wasseroberfläche und recken ihren Kopf, auf einem Stück Holz, einer Pflanze oder am Ufer sitzend, über die Wasseroberfläche. So können sie die Beute verzehren, ohne dass wertvolle Nahrung verloren geht.

Eine Besonderheit bei Schwimmkäfern soll noch erwähnt werden. Es ist der ausgeprägte Geschlechtsdimorphismus, ein Unterschied im Aussehen von Männchen und Weibchen.

So haben viele Männchen der großen Arten deutlich scheibenförmig verbreiterte Fußglieder, auf deren Unterseite zahlreiche verschieden große Saugnäpfe sitzen. Damit können sie sich bei der Begattung effektiv auf dem Rücken bzw. Halsschild des Weibchens verankern. Die Weibchen etlicher Arten haben deutlich längs gefurchte Flügeldecken, nicht die glänzendglatten wie die Männchen. Seltsamerweise gibt es aber immer wieder Weibchen mit glatten Flügeldecken.

Im Wasser lebende Käfer müssen verhindern, dass sich auf ihrem Körper Bakterien, Algen, Pilze oder Einzeller ansiedeln. Dazu dient den Schwimmkäfern ein kremiges Sekret aus Drüsen am Hinterleibsende, das regelmäßig (außerhalb des Wassers!) mit den Beinen auf der Körperoberfläche verteilt wird.

Gelbrandkäfer sind gefräßige Räuber und gelten als Schädlinge in Fischteichen. Auch Empfehlungen, sie aus Gartenteichen zu entfernen, werden manchmal ausgesprochen. Lassen Sie sich durch derartige Äußerungen nicht irritieren. Sie werden kaum vorhaben, in Ihrem Gartenteich Fischbrut zu züchten – denn dann können die Käfer und ihre Larven sicher Schaden anrichten. Es wäre aber eine unnatürliche Situation, wenn man erwartet, dass eine empfindliche Art ohne Verluste ihre Entwicklung abschließt. In der Natur wird einer Dezimierung durch Fressfeinde deshalb bei betroffenen Arten durch immens hohe Jungtier- bzw. Larvenzahlen vorgebeugt. Das führt in der Bilanz dazu, dass sowohl von den Räubern als auch den Beutetieren gerade so viele Individuen überleben, dass der Bestand jeder Art gesichert ist. Man spricht vom »ökologischen Gleichgewicht«, das einer für den Lebensraum optimalen Artenzahl eine Überlebenschance gibt – ganz ohne Zutun des Menschen.

Das Weibchen des Gelbrandkäfers besitzt gefurchte Flügeldecken und keine verbreiterten Vorderfußglieder wie das Männchen.

Gelbrand
Dytiscus marginalis

Unser bekanntester und mit 27–35 mm Körperlänge sowie 15–18 mm Breite einer unserer größten Schwimmkäfer. Vor allem die Hinterbeine mit langen Schwimmhaaren. Oberseite dunkel olivgrün, Unterseite gelb; charakteristisch sind der gelbe Seitenrand der Flügeldecken (Name!) sowie der auf allen Seiten etwa gleich breit gelb gesäumte Halsschild. Männchen mit auffällig verbreiterten Vorderfußgliedern, Weibchen (Foto links) im Allgemeinen mit gefurchten Flügeldecken.
Der Gelbrand bewohnt gern pflanzenreiche, klare Weiher und Gräben, kommt aber auch in zahlreichen anderen Gewässertypen vor. Da die Tiere gut und gern fliegen, üblicherweise bei Nacht, wandern sie auch gelegentlich in Gartenteiche ein.

Die Begattung findet üblicherweise im Herbst statt, seltener im Frühjahr. Das Männchen lässt sich manchmal tagelang vom Weibchen herumtragen, das während dieser Zeit seinen Luftvorrat nicht erneuern kann. Die Übertragung des Samenpaketes dauert schließlich etwa 15 Minuten. Die Eier sind langgestreckt, leicht gekrümmt und etwa 7 mm lang. Sie werden im Frühjahr in Blätter und Stängel von Wasserpflanzen abgelegt. Die Larven (Foto S. 67) messen zunächst gut 1 cm und wachsen im Verlauf dreier Larvenstadien auf 8 cm Länge heran. Sie erbeuten fast alles, was sie entsprechend ihrer Größe überwältigen können, bis hin zu kleinen Fischen. Dauer der Larvalentwicklung je nach Temperatur 5–10 Wochen. Verpuppung an Land im Erdboden, wo die geschlüpften Käfer teilweise überwintern. Höchstalter 5 Jahre.

3 der 5 Vorderfußglieder des Gelbrand-Männchens sind zu einer nahezu kreisförmigen Scheibe vergrößert.

Entwicklungsschema des Gelbrandkäfers.

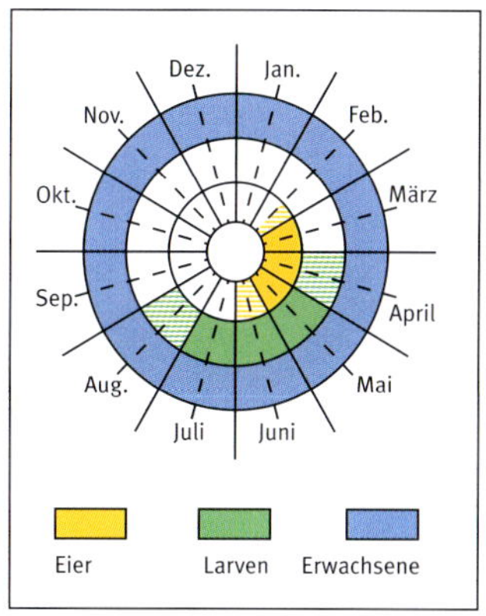

Furchenschwimmer
Acilius sulcatus

Der breit-ovale Furchenschwimmer besitzt auf gelbem Grund dicht schwarz gesprenkelte Flügeldecken, sodass diese recht dunkel wirken; Unterseite überwiegend schwarz. Charakteristisch ist die gelb-schwarze Zeichnung auf Kopf und Halsschild (vgl. Foto S. 70), woran man die 16–18 mm langen Käfer leicht erkennen kann. Männchen wie beim Gelbrand mit scheibenförmig verbreiterten Vorderfußgliedern, Weibchen auf den Flügeldecken mit je 4 breiten, deutlich behaarten Längsfurchen (Name!).
Die natürlichen Lebensräume des Furchenschwimmers sind Weiher, moorige Tümpel und Gräben, seltener auch Fließgewässer.

Bei diesem Furchenschwimmer-Weibchen sieht man schön die typische Zeichnung auf Kopf und Halsschild sowie die behaarten Längsfurchen der Flügeldecken.

Die guten Schwimmer ernähren sich von Insektenlarven und Kaulquappen, aber auch toten Wassertieren.

Die langgestreckten Eier werden in Haufen von 30–50 Stück über Wasser abgelegt, z. B. in Ritzen und unter die Rinde von aus dem Wasser ragenden Holz oder in Moospolster. Die schlüpfenden Larven begeben sich ins Wasser und wachsen während der 3 Larvenstadien auf 3 cm Länge heran. Es sind unermüdliche Schwimmer mit langen Säumen von Schwimmhaaren an Beinen und Hinterleibsende (vgl. Foto S. 31). Durch kräftiges Einschlagen des Hinterkörpers können sie regelrechte Purzelbäume schlagen und blitzschnell davonschießen. Am liebsten fressen sie Wasserflöhe. Zur Verpuppung gehen sie an Land und bauen sich unter Steinen und Pflanzenresten ihre Puppenhöhle.

Schnellschwimmer
Agabus bipustulatus

Schnellschwimmer sind mittelgroße Schwimmkäfer mit der typischen strömungsgünstigen Körperform der Familie. Es gibt – auch in anderen Gattungen – zahlreiche schwarze, schwer unterscheidbare Arten, *A. bipustulatus* ist eine der häufigsten. Die Käfer bewohnen pflanzenreiche Stillgewässer, gern beschattete Waldtümpel. Sie und ihre Larven fressen Wasserasseln, Würmer, Kaulquappen und Insektenlarven.

Die etwa 10 mm langen schwarzen Schnellschwimmer halten sich gern am Boden der Gewässer auf, versteckt zwischen modernden Blättern und anderen Pflanzenteilen.

Der Kugelschwimmer fällt durch seine gewölbte Körperform auf.

Kugelschwimmer
Hyphydrus ovatus

Der Kugelschwimmer ist durch seine rundliche, hoch aufgewölbte Körperform ein untypischer Schwimmkäfer – aber gerade dadurch leicht zu erkennen. Die bräunlichen bis rostroten, 3–4 mm langen Käfer sind häufig und kommen fast in allen Gewässertypen vor, besiedeln aber am liebsten pflanzenreiche Weiher, weshalb sie auch gern in Gartenteiche gehen. Eiablage im Frühsommer und Sommer auf Wasserpflanzen.

Larven der kleineren Schwimmkäfer findet man meist im Gewirr der Unterwasserpflanzen. Suchen Sie doch einmal nach ihnen in Ihrem Teich (wie, steht auf S. 21–23). Die 7–8 mm langen Larven des Kugelschwimmers sind überwiegend dunkel graubraun, aber leicht kenntlich an hell gelblichen Körperzeichnungen vorn, in der Mitte (jeweils als Querband) und hinten. Sie fressen Hüpferlinge, Wasserasseln und andere Kleintiere und kommen zum Luftschöpfen mit der Hinterleibsspitze an die Wasseroberfläche.

Sechsfleck-Zwergschwimmer
Hydroporus palustris

Die 3–4 mm langen Schwimmkäfer gehören zu den häufigsten in unseren Stillgewässern und kommen auch gern in Gartenteiche. Ein gutes Kennzeichen ist die Anordnung der gelblichen Flecke auf den dunkelbraunen Flügeldecken (vgl. Foto), die allerdings in ihrer Größe sehr verschieden sein können. Die Käfer sind gewandte und schnelle Schwimmer, die gern Wasserflöhe oder kleine Insekten(larven) erbeuten. Beim Austrocknen eines Wohngewässers können sie im Schlamm überdauern.

Der nur 3–4 mm große Zwergschwimmer ist auch in Gartenteichen ein häufiger Gast.

Wassertreter
Haliplus ruficollis

Typisch für die 17 bei uns heimischen Wassertreter-Arten sind ihre tropfenförmige, hoch aufgewölbte Gestalt und die paddelnde Schwimmweise. *Haliplus ruficollis* ist eine unserer häufigsten Arten und wird 3 mm lang. Die schwarzen, zu Längsreihen zusammenfließenden Punkte auf den Flügeldecken der winzigen Käfer erkennt man mit bloßem Auge nicht. Wassertreter leben im Pflanzengewirr von Stillgewässern und ernähren sich überwiegend von Algenfäden. Ihre Larven saugen mit ihren hohlen Kieferzangen Algenzellen aus. Höchstalter 2 1/2 Jahre.

Die winzigen Wassertreter besiedeln gern Gewässer, die reich an Fadenalgen sind.

Taumelkäfer
Gyrinus substriatus

Die Taumelkäfer sind eine Käferfamilie mit etwa 13 sehr ähnlichen Arten in Mitteleuropa, deren charakteristisches Kennzeichen die Fähigkeit ist, in rasanten Kurven auf der Wasseroberfläche zu kreisen. Dies ermöglichen die speziellen, abgeflachten und mit langen, beweglichen Ruderplättchen besetzten Mittel- und Hinterbeine, die mit 50–60 Schlägen pro Sekunde einen rasanten Vortrieb bewirken und mit 84 % den höchsten Wirkungsgrad im gesamten Tierreich besitzen. Durch ein spezielles, zweigeteiltes Auge können Taumelkäfer sowohl über als auch unter Wasser sehen. Der 5–7 mm lange, oberseits schwarze *Gyrinus substriatus* ist unser häufigster Taumelkäfer und bewohnt pflanzenreiche Gewässer, besonders gern Wiesengräben. Gutes Flugvermögen. Er erbeutet kleine Tiere, die auf die Wasseroberfläche gefallen sind und die er durch die Schwingungen der von ihnen verursachten oder »zurückgespiegelten« kleinen Wellen ortet, kann aber auch unter Wasser auf Jagd gehen. Seine Larven besitzen Tracheenkiemen an ihren Hinterleibssegmenten und ernähren sich ebenfalls räuberisch.

Taumelkäfer kreisen bei Sonnenschein unermüdlich auf der Wasseroberfläche.

Die hoch aufgewölbten Braunfüßigen Teichkäfer besitzen je 10, nach hinten kräftiger werdende Längsfurchen auf ihren Flügeldecken.

Braunfüßiger Teichkäfer
Hydrobius fuscipes

Dieser schwarze, hoch aufgewölbte, 6–9 mm lange Wasserkäfer ist einer der häufigsten Vertreter seiner Familie bei uns und kommt in Stillgewässern fast jeden Typs vor. Oft kriechen die Käfer mit der durch den Luftvorrat silbern glänzenden Bauchseite nach oben an der Wasseroberfläche – wie viele andere Wasserkäfer es auch tun. Die Weibchen spinnen etwa 4 mm große längliche Eikokons mit je 15–20 Eiern, die sie in der Nähe der Wasseroberfläche an der Vegetation oder an Holzstückchen befestigen. Die Larven werden 12–15 mm lang, leben an der Wasseroberfläche und ernähren sich von Kleinkrebsen (siehe auch S. 68). Die Käfer fressen Pflanzenteile.

Auf dem Foto sieht man die sehr langen Kiefertaster (nicht Fühler!) des Teichkäfers *Helochares obscurus;* unter dem Hinterleib erkennt man den Eisack (vgl. Text).

Teichkäfer
Helochares obscurus

Es gibt zahlreiche nur wenige Millimeter große Wasserkäferarten, die man in Gewässern meist an der Wasseroberfläche oder im Uferbereich auf oder sogar in Pflanzenteilen finden kann. *Helochares obscurus* gehört mit seinen 5–6 mm Länge schon zu den größeren Arten und fällt durch seine lang-ovale, sehr flache (nicht aufgewölbte) Körperform auf, die gelb- bis rotbraune Farbe sowie die langen Kiefertaster.

Im Mai/Juni kann man manchmal kleine Wasserkäfer sehen, deren »Hinterleib« auf den ersten Blick wie aufgebläht aussieht und unterseits über den Flügelsaum hervorsteht (siehe Foto links). Es handelt sich um Arten wie den Teichkäfer, die einen Eisack spinnen, den sie an den Hinterbeinen befestigen und mit sich herumtragen. Er enthält 60–70 Eier. Wenn die räuberisch lebenden Larven geschlüpft sind, wirft der Käfer das leere Gespinst einfach wieder ab.

Falls Sie Probleme haben, Wanzen und Käfer auseinander zu halten, achten Sie bitte auf die Flügel: Die beiden vollständig verhärteten Elytren der Käfer stoßen entlang ihrer gesamten Länge auf der Rückenmitte aneinander. Hingegen besitzen Wanzen so genannte Hemielytren, das heißt etwa das letzte Drittel ist häutig ausgebildet. Im hinteren Teil fehlt deshalb die Naht, an der die Deckflügel aneinender stoßen und generell wirkt der Wanzenrücken meist wie in eher dreieckige Felder aufgeteilt (vgl. die entsprechenden Fotos bei den Wanzen- und Käferarten). Wie bei den Käfern sind auch bei den Wanzen die häutigen Hinterflügel unter den Deckflügeln verborgen.

Wanzen

Manch einer mag beim Stichwort Wanzen zunächst an Bettwanzen denken und vielleicht noch an die auffällig rot-schwarz gezeichneten Feuerwanzen oder die ebenfalls häufigen grünen oder braunen Stinkwanzen.
Aber tatsächlich gehören diese Tiere auch zu den häufigen Gästen im (oder auf dem) Gartenteich.
Ein charakteristisches Merkmal der Wanzen (Ordnung Heteroptera) ist ihr Stechrüssel, der unter den Kopf bzw. Bauch eingeschlagen wird, aber oft von der Seite erkannt werden kann. Mit ihm können sie Pflanzenzellen oder erbeutete Tiere aussaugen und – zumindest einige meist größere Arten – auch Menschen schmerzhaft stechen, wenn man die Tiere in der Hand hält.
Wanzen haben eine unvollständige Verwandlung mit im Allgemeinen 5 Larvenstadien. Viele Arten können zirpen (s. auch Ruderwanzen) oder verströmen über eine Stinkdrüse den typischen Wanzengeruch (z.B. auch die Ruderwanzen). Die ans Wasser gebundenen Arten gehören 2 verschiedenen Gruppen an. Die Wasserwanzen leben als Larve und als Imago stets im Wasser. Hingegen zählen die am Ufer oder der Wasseroberfläche lebenden Arten wie Wasser- und Teichläufer sowie etliche andere zu den Landwanzen.

Gewöhnlicher Wasserläufer
Gerris lacustris

Wasserläufer gehören zu den regelmäßigen Bewohnern eines Gartenteichs – sie können gut fliegen. Es gibt bei uns 11 Arten, die aber nur schwer zu unterscheiden sind. Mit Abstand am häufigsten ist der etwa 10 mm lange Gewöhnliche Wasserläufer. Mit ihren langen Mittel- und Hinterbeinen gleiten Wasserläufer flink über die Wasseroberfläche, wobei insbesondere die Mittelbeine für den Vortrieb sorgen, die Hinterbeine fungieren als Steuer. Getragen werden die Tiere, die nur mit den Fußgliedern das Wasser berühren, von der Oberflächenspannung; zusätzlich verhindert die Wasser abstoßende Behaarung eine Benetzung und das Einsinken. Wird durch irgendeine Substanz, z. B. Spülmittel, die Oberflächenspannung des Wassers verringert, sinken die Tiere und ertrinken, wenn sie nicht rechtzeitig flüchten können.
Wasserläufer ernähren sich von Tieren, die auf die Wasseroberfläche gefallen sind. Deren zappelnde Bewegungen bzw. die dadurch ausgelösten kleinen Wellen werden mit Sensoren an den Beinen wahrgenommen. Die Beutetiere packen sie mit den Vorderbeinen und saugen sie mit ihrem Saugrüssel aus. Neben flugfähigen Tieren mit vollständig entwickelten Flügeln

Der Gewöhnliche Wasserläufer ist auf Gartenteichen ein häufiger Gast.

Schauen Sie einmal im Sommer, ob es auf Ihrem Gartenteich Wasserläufer-Nachwuchs gegeben hat. Die Larven sind zunächst winzig klein, sodass man den Eindruck hat, 2 Beinpaare tragen einen »Krümel« von Körper. Der Hinterleib erreicht auch bei den größeren Larven nie die Länge wie bei den Erwachsenen (Unterschied zu den kurzflügeligen oder flügellosen Imagines!). Nach 3–4 Wochen ist die Larvalentwicklung abgeschlossen.

gibt es auch solche mit Stummelflügeln oder ganz flügellose. Wasserläufer überwintern als erwachsenen Tiere. Während 2 Generationen sorgen sie bis zum Herbst für möglichst viele Nachkommen. Zum Überwintern gehen sie dann an Land und verstecken sich unter Laub, in Moos und Ähnlichem. Im Frühjahr kehren sie dann auf das Wasser zurück. Die Weibchen legen nach der Begattung die Eier dicht unter der Wasseroberfläche ab, z. B. an Wasserpflanzen oder Holz. Je nach Temperatur schlüpfen die Larven nach 1–2 Wochen.

Gewöhnlicher Teichläufer
Hydrometra stagnorum

Weniger häufig, wenngleich nicht selten, sieht man die schlanken Teichläufer. Sie fallen auf durch ihren langgestreckten, nadeldünnen, bis 12 mm langen Körper, den staksigen Gang und halten sich gern im Grenzbereich Land/Wasser oder auf Schwimmblättern auf. Auch sie erbeuten kleine Tiere, die auf das Wasser gefallen sind, können aber auch Wasserorganismen fangen, z. B. Stechmückenlarven, die an die Wasseroberfläche kommen. Die Beutetiere werden mit dem Stechrüssel aufgespießt, also nicht mit den Vorderfüßen ergriffen und ausgesaugt. Teichläufer stellen sich bei Störung oder Gefahr häufig tot, indem sie erstarren, die Vorder- und Mittelbeine gerade nach vorn, die Hinterbeine nach hinten gestreckt. In der Abenddämmerung sind sie besonders aktiv. Wie die Wasserläufer überwintern sie in Ufernähe an Land.

Teichläufer halten sich gern im Uferbereich oder auf Schwimmblättern auf.

Rückenschwimmer hängen gern an der Wasseroberfläche – mit den Spitzen von Hinterleib, Vorder- und Mittelbeinen fixiert.

Gewöhnlicher Rückenschwimmer
Notonecta glauca

Rückenschwimmer sind häufige Bewohner von Gartenteichen. Sie sind geschickte Flieger und landen – ähnlich wie z. B. Gelbrandkäfer – durch das Glitzern der Wasseroberfläche angelockt direkt auf dieser. Zum Atmen kommen sie mit der Hinterleibsspitze an die Wasseroberfläche, wo sie oft recht lange verweilen. Ihren Hauptluftvorrat sammeln sie zwischen langen Borsten in 2 Längsreihen am Bauch. Beim Schwimmen weisen Bauch und Beine nach oben (Name!). Der Gewöhnliche Rückenschwimmer wird 16 mm lang, sein Rücken ist gelbbraun und meist schwarz marmoriert; es gibt 5 weitere, ähnliche Arten bei uns. Rückenschwimmer sind dank der langen, kräftigen Schwimmbeine – dem hinteren Beinpaar – ausgezeichnete Schwimmer und machen Jagd auf allerlei Wassergetier, vor allem Insektenlarven, seltener Kaulquappen und kleine Fische. Häufig fressen sie aber auch Tiere, die auf die Wasseroberfläche gefallen sind. Der Gewöhnliche Rückenschwimmer überwintert als erwachsenes Tier im Wasser. Im Frühjahr finden Begattung und Eiablage statt. Die Eier werden in gut durchlüftete Pflanzenteile versenkt. Bald nach der Eiablage sterben die Tiere. Das ist der Grund, warum Sie im Frühsommer selten Rückenschwimmer in Ihrem Teich finden. Nach 3–4 Wochen schlüpfen die grünlichweißen, gedrungenen Larven und bevölkern in großer Zahl den Gartenteich. Die ausgewachsenen Rückenschwimmer der neuen Generation können Sie ab August in Ihrem Teich beobachten. Die Tiere sind übrigens in der Lage, mit ihrem Wanzenrüssel empfindlich zu stechen, wenn man sie in die Hand nimmt – weshalb sie auch Wasserbienen genannt werden.

Entwicklungsschema des Gewöhnlichen Rückenschwimmers.

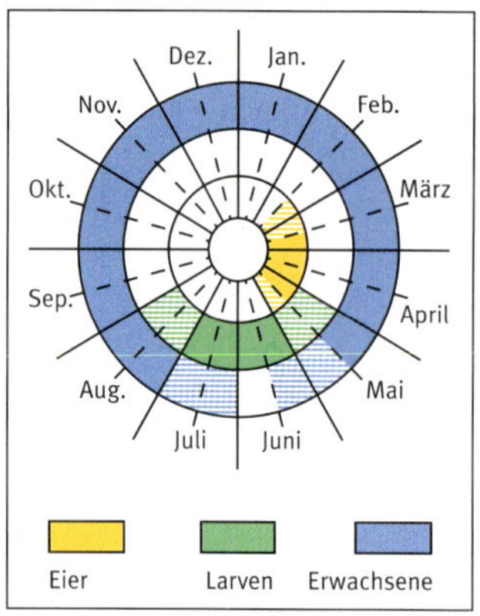

Die nahezu kugeligen Zwergrückenschwimmer werden nur 3 mm groß.

Zwergrückenschwimmer
Plea leachi

Der Name verrät schon, dass auch Zwergrückenschwimmer mit dem Bauch nach oben schwimmen. Die winzigen, knapp 3 mm großen, hoch aufgewölbten Tiere sind unverwechselbar. Sie kommen in pflanzenreichen Stillgewässern recht häufig vor und sind gefräßige Räuber, die vor allem Jagd auf Wasserflöhe machen. Die Eier werden im späten Frühjahr in Pflanzengewebe abgelegt; die Entwicklung zum Vollinsekt ist im August abgeschlossen. Da Zwergrückenschwimmer 2 Jahre alt werden (die Tiere überwintern im Wasser), können Sie während des ganzen Jahres Imagines antreffen.

Schwimmwanzen ähneln Wasserkäfern.

Schwimmwanze
Ilyocoris cimicoides

Die bis 15 mm langen Schwimmwanzen können leicht mit einem Wasserkäfer verwechselt werden. Man erkennt aber bei genauem Hinsehen die zu kräftigen, klappmesserartig einschlagbaren Fangbeinen umgebildeten Vorderbeine und den für Wanzen typischen Saugrüssel. Vorsicht: Auch Schwimmwanzen können damit empfindlich stechen. Sie sind gewandte Schwimmer, die auf allerlei kleine Wassertiere Jagd machen. Zum Luftholen kommen sie mit dem hinteren Rücken an die Wasseroberfläche. Am liebsten halten sie sich im dichten Pflanzengewirr auf. Die Vollinsekten überwintern, meist im Wasser. Eiablage im April/Mai in weiche Pflanzenteile.

Ruderwanzen
Corixidae

Ruderwanzen sind in nahezu allen pflanzenreichen Stillgewässern anzutreffen, auch sehr kleinen. Es gibt bei uns über 30 verschiedene sehr ähnliche Arten von 5–15 mm Länge, die häufigen Arten werden 7–8 mm lang. Sie haben einen bootförmigen, flachen, lang-ovalen Körper mit heller Unter- und dunkler Oberseite. (Eigentlich ist letztere sehr fein gesprenkelt oder gestreift; um das zu erkennen muss man aber sehr genau hinschauen.) Mit ihren langen, kräftigen, mit vielen Schwimmhaaren versehenen Hinterbeinen können sie sehr flink und gewandt schwimmen. Die Mittelbeine mit ihren langen Klauen dienen zum Festklammern (vgl. Kasten S. 78). Die Vorderbeine sind schaufelförmig zum Durchwühlen des Bodens nach pflanzlichen und tierischen Nahrungspartikeln. Ruderwanzen können aber auch mit ihrem kurzen

Ruderwanzen sind sehr flugaktiv. Setzt man Tiere in ein Aquarium oder anderes Gefäß ein, werden sie im Allgemeinen bald verschwunden sein (wenn keine Abdeckung vorhanden ist). Durch den Luftvorrat am Körper sind Ruderwanzen – aber auch einige andere Arten wie beispielsweise Rückenschwimmer – leichter als Wasser und treiben nach oben, wenn sie sich nicht irgendwo (z. B. an Wasserpflanzen) festklammern. Schwimmen sie zur Wasseroberfläche, können sie wie ein Kork in die Luftphase gelangen, die Flügel ausbreiten und davonfliegen. Da Ruderwanzen häufig sind und gern fliegen, kommt es sogar vor, dass sie versehentlich in Gebäude geraten – und natürlich gelangen sie auf diesem Weg auch in Ihren Gartenteich.

Ruderwanzen kommen in nahezu allen pflanzenreichen Gewässern vor.

Rüssel Pflanzenzellen aussaugen, besonders gern von Fadenalgen; ebenso erbeuten sie kleine Wassertiere, manche Arten sogar überwiegend.
Zum Luftschöpfen kommen Ruderwanzen mit ihrem Vorderkörper zur Wasseroberfläche; der ganze Vorgang dauert weniger als $^1/_2$ Sekunde. Die Männchen, seltener die Weibchen vieler Arten können zirpen (anderer Name: Wasserzikaden). Der unter Wasser vorgetragene Gesang ist artspezifisch und spielt eine Rolle bei der Partnerwahl. Die rundlichen Eier werden an Wasserpflanzen geklebt. 1 oder 2 Generationen im Jahr; die Vollinsekten überwintern.

Wasserskorpion
Nepa cinerea

Die Tiere erinnern mit ihrem flachen Körper, den klappmesserartig einschlagbaren Fangbeinen und ihrem langen Atemrohr tatsächlich etwas an einen Skorpion – und sie können stechen, allerdings nicht mit dem »Skorpionsschwanz«, sondern mit ihrem Wanzenrüssel. Ein Wasserskorpion wird – ohne Atemrohr gemessen – etwa 20 mm lang. Die Tiere halten sich im flachen Uferbereich von Weihern und Tümpeln auf, wo sie so im Wasser sitzen, dass ihr Atemrohr noch die Oberfläche

Wasserskorpione halten sich selten im Freiwasser auf wie auf dem Foto, sondern leben meist versteckt im äußersten Ufersaum.

erreicht. Sie lauern, oft unter welken Pflanzenteilen oder Bodensubstrat verborgen, auf zufällig vorbeikommende Beutetiere, die sie blitzschnell (der Fangschlag dauert nur 3 Hundertstel Sekunden) fassen, sobald diese in Reichweite ihrer geöffneten Fangbeine sind. Der Wasserskorpion sticht seinen Rüssel an einer weichen Stelle in die Beute, injiziert Sekrete und saugt dann die Nährflüssigkeit sorgfältig aus. Dieser Vorgang dauert etwa 10 Minuten, kann aber bei anderen Wanzenarten, auch in Abhängigkeit von der Beutegröße, bis zu mehrere Stunden dauern.
Wasserskorpione schwimmen selten und schlecht; manche Tiere können fliegen (je nach Ausbildung der Flugmuskulatur). Die Eier werden im Frühjahr in weiches Pflanzengewebe geschoben. Dort sind diese gut geschützt; lediglich 6–9 fadenförmige Atemanhänge ragen zur Sauerstoffversorgung in das Wasser. Larven (siehe Foto S. 56) zunächst mit sehr kurzem Atemrohr. Überwinterung als Vollinsekt, meist im Wasser.

Stabwanze
Ranatra linearis

Die Stabwanze ist einer unserer auffälligsten Wasserbewohner und erinnert mit ihrem schlanken Körper, den langen, staksigen Mittel- und Hinterbeinen sowie den klappmesserartigen Fangbeinen sehr an eine Fangschrecke (z. B. Gottesanbeterin). Dabei ist sie gar nicht so leicht zu entdecken, denn durch ihre halmartige Körperform ist sie im Pflanzengewirr hervorragend getarnt. Die Tiere werden bis 35 mm lang – hinzu kommt noch das aus 2 Hälften zusammengesetzte Atemrohr von annähernd gleicher Länge. Sie ist weit verbreitet, aber nicht häufig, und in Gartenteichen nur selten zu Gast. Allerdings können die Tiere gut fliegen, also prinzipiell durchaus zuwandern.

Der Lebensbereich der Stabwanzen sind die Wasserpflanzen in der Nähe der Wasseroberfläche. Dort sitzen sie regungslos und lauern mit geöffneten Fangbeinen auf Beute, kleine Wassertiere; ihr Atemrohr erreicht gerade noch den Luftraum. Beide Fangbeine können unabhängig voneinander agieren, d. h. mit dem linken kann die Stabwanze bereits einen neuen Wasserfloh fangen, während sie gleichzeitig noch ein Beutetier aussaugt, das sie mit dem rechten Fangbein hält.
Stabwanzen können mit ihren mit Schwimmhaaren besetzten Mittel- und Hinterbeinen zwar langsam, aber doch recht gut schwimmen. Im Frühsommer (Juni) legen sie ihre Eier in abgestorbene Pflanzenteile ab; anders als bei den Wasserskorpionen haben diese nur 2 Atemfäden, die ins Wasser ragen. Die Vollinsekten können zweimal überwintern, meist im Wasser.

Stabwanzen sind durch ihre Gestalt zwischen Halmen von Wasserpflanzen bestens getarnt.

Köcherfliegen

Manche Arten der Gattung *Limnephilus* zeichnen sich dadurch aus, dass sie gern kleine Schneckengehäuse in ihren Köcher einbauen.

Köcherfliegen (Ordnung Trichoptera) dürften den meisten Naturfreunden nicht als Vollinsekten, sondern als Larven ein Begriff sein. Diese verbergen sich in einem selbst gebauten Köcher, den sie mit sich herumtragen. Er besteht aus Spinnsekret (die Larven besitzen Spinndrüsen), darin ein- oder aufgelagert sind zur Verfestigung und Tarnung andere Materialien. Die Form des Köchers ist meist gerade, es gibt aber auch gebogene und sogar spiralig wie ein Schneckenhaus gewundene Typen.
Die verwendeten Materialien wechseln entsprechend der Wohngewässer sehr. Generell kann man sagen, dass Arten in Fließgewässern, vor allem in Bächen, eher Sand oder Steinchen einbauen, nicht nur weil diese häufig sind, sondern auch weil die Gehäuse so schwerer werden und nicht so leicht abgetrieben werden können. Arten der Stillgewässer verwenden Pflanzenteile, die sie – je nach Art – in regelmäßigen, z. B. spiralförmigen Mustern anordnen oder wirr, sodass der Köcher wie ein kleiner »Pflanzen-Igel« aussieht. Manche Arten bevorzugen nadelförmige Teile, andere blattförmige Schnipsel – und manchmal werden kleine Schneckengehäuse befestigt. Nicht alle Köcherfliegenlarven haben Köcher. Manche streifen als Räuber umher, bauen trichterförmige Netze in der Strömung von Fließgewässern, damit sich Nahrungspartikel oder Beutetiere darin verfangen, oder spannen zahlreiche »Stolperfäden« zwischen Wasserpflanzen, um effektiv auf potenzielle Beute aufmerksam zu werden. Die Arten mit Köcher fressen meist frische oder zerfallende Pflanzenteile, nur selten lebende Beute.

Viele Larven bauen recht regelmäßige Köcher, manche – wie hier auf dem Foto – aber auch ausgesprochen »wirre« und sperrige.

Köcherfliegenlarven haben neben den 3 Laufbeinpaaren am Körperende bekrallte Nachschieber, mit denen sie sich festhalten können. Zum Verankern im Köcher besitzen aber etliche Arten zusätzlich kräftige Höcker am ersten Hinterleibssegment. Viele Arten tragen fädige oder büschelige Tracheenkiemen, vor allem Junglarven vollziehen den Gasaustausch aber über Hautatmung. Zur Sauerstoffversorgung, insbesondere in Gespinströhren oder im Köcher, wird ein Wasserstrom durch auf- und abschwingende Bewegungen des Hinterleibs aufrechterhalten.
Köcherfliegen haben eine vollständige Verwandlung und damit ein Puppenstadium. Der Puppenköcher wird neu angelegt oder der Larvenköcher entsprechend umgebaut. Köcherfliegenpuppen sind beweglich. Nach einigen Tagen oder Wochen wird der Verschluss des Köchers mit den Mandibeln geöffnet, die Puppe schlüpft heraus und kriecht (z. B. an Wasserpflanzen) oder schwimmt zur Oberfläche. Die Häutung zum Vollinsekt findet an der Wasseroberfläche oder auf festem Substrat statt.
Trotz des Namens sind Köcherfliegen nicht mit den Fliegen verwandt, sondern mit den Schmetterlingen. Das sieht man den Vollinsekten auch an. Sie erinnern mit ihren dachförmig über dem Rücken liegenden, bei vielen Arten mehr oder weniger behaarten Flügeln an Nachtschmetterlinge oder Motten (deshalb auch der andere Name Haarflügler). Die Färbung ist gelblichbraun bis düster grau, die Fühler sind meist mehr als körperlang. Falls sie überhaupt Nahrung zu sich nehmen, lecken die Vollinsekten – ähnlich wie Schmetterlinge – nur Flüssigkeiten, z. B. Nektar oder Wasser. Köcherfliegen sind meist dämmerungs- und nachtaktiv. Manche bilden zur Paarungszeit Schwärme. Die Eiablage findet in Wassernähe an Land, an Pflanzenteile über Wasser oder durch Abwerfen von Eipaketen im Flug statt. Manche Arten haben aber auch zu Schwimmbeinen umgestaltete Mittel- oder (seltener) Hinterbeine und gehen zur Eiablage unter Wasser. Je nach Art gibt es 1 oder 2 Generationen im Jahr. Die Larve überwintert, seltener die Eier.

Typisch für Köcherfliegen sind die vielfach behaarten, dachförmig angelegten Flügel sowie die sehr langen Fühler.

Wenn sich in Ihrem Gartenteich kleine Zweige oder andere Materialien bewegen, muss das nicht daran liegen, dass ein Tier daran gestoßen oder eine Wasserbewegung vorhanden ist. Es wird sich häufig um Larven der Köcherfliegen handeln. Denn die Tiere sieht man im Allgemeinen nicht, sondern registriert zunächst nur die langsame Fortbewegung von irgendwelchen Pflanzenteilen. Die Larven bedienen sich bei der »Dekoration« ihres Köchers verschiedener Materialien, die im Wohngewässer vorkommen. Nur wenige sind dabei kaum wählerisch und bauen einfach alles in passender Größe Verfügbare ein – vor allem tun dies Junglarven. Die meisten Arten verwenden ganz bestimmte Materialien, die sie in charakteristischer Weise anordnen, sodass man die Art nach ihrem Köcher bestimmen kann. Natürlich können solche Arten nur in Gewässern leben, in denen es die entsprechenden Baumaterialien gibt.

Fliegen und Mücken

Mancher mag sich vielleicht fragen, was denn Fliegen und Mücken mit einem Gartenteich zu tun haben. Dass sich Stechmückenlarven in Kleingewässern entwickeln können, ist eventuell bekannt – aber der Rest? So mag es vielleicht verwundern, dass von allen Insekten(larven) in unseren Gewässern die meisten Arten (etwa 1500) zu den Fliegen und Mücken gehören, insbesondere zu den Zuckmücken.

Fliegen und Mücken bilden zusammen die Insektenordnung der Zweiflügler (Diptera). Dieser Name deutet bereits das auffälligste Merkmal an: Sie besitzen, im Gegensatz zu anderen Insekten mit Vorder- und Hinterflügeln, lediglich 2 Flügel, also 1 Flügelpaar. Die Hinterflügel sind bei ihnen zu so genannten Schwingkölbchen umgebildet, die der Flugstabilisation dienen. Man kann sie bei großen Arten wie den Kohlschnaken gut erkennen, knapp hinter der Basis der Vorderflügel und nur etwa 1/7 so lang wie diese.

Mücken sind im Allgemeinen feingliedrig und langgestreckt, mit meist langen, manchmal buschigen Fühlern und langovalen Flügeln. **Fliegen** sind dagegen gedrungener, plump, mit kurzen Fühlern (im typischen Fall mit 3 dicken Grundgliedern und einer Geißel) und im Vergleich kürzeren, leicht dreieckigen Flügeln. Die Grundtypen sind sicher jedem von der Stechmücke und Stubenfliege bekannt. Lebensweise und Ernährung der Zweiflügler sind sehr unterschiedlich. Allen gemeinsam ist die vollständige Verwandlung mit einem Puppenstadium. Die Larven sind meist wurmförmig, beinlos, die vieler Fliegen weißliche Maden ohne Kopfkapsel mit lediglich 2 kräftigen Schlundhaken. Die Larven der meisten 7000–8000 Arten Mitteleuropas leben im Boden, in Abfällen oder parasitisch.

Stechmücken
Culicidae

Es gibt sehr viele verschiedene Stechmückenarten mit recht unterschiedlicher Lebensweise. Allen gemeinsam ist die Entwicklung der Larven im Wasser; die Größe liegt im Allgemeinen bei 5–7 mm. Häufigste und typische Art ist bei uns die **Gewöhnliche Stechmücke** *(Culex pipiens)*, auf die sich die folgenden Angaben beziehen.

Die Weibchen legen ihre Eier zu 200–300 in kleinen etwa 5 mm langen »Schiffchen« auf der Wasseroberfläche ab. Nach etwa 2 Tagen schlüpfen daraus die zunächst winzigen Larven. Während 4 Larvenstadien wachsen sie innerhalb von 2–3 Wochen – in Abhängigkeit von der Temperatur, bei Wärme besonders schnell – zu etwa 1 cm Länge heran. In charakteristischer Weise hängen sie mit dem Ende ihres Atemrohres, den Körper schräg nach unten ausgerichtet, an der Wasseroberfläche (s. Foto). An der gut ausgebildeten, sehr beweglichen Kopfkapsel sitzt ein effektives Strudelorgan, mit dem sie Nahrungspartikel wie Kleinplankton oder Detritusteilchen aus dem Wasser filtern können

Die Eischiffchen der Stechmücke schwimmen bis zum Schlüpfen der winzigen Larven an der Wasseroberfläche.

Bei günstigen Bedingungen kann es zur Massenentwicklung von länglichen Larven und kugeligen Puppen der Stechmücke in Klein»gewässern« ohne Fressfeinde kommen.

– meist an der Oberfläche hängend, aber auch am Boden oder an Pflanzenteilen. Bei Störung können die Larven blitzschnell durch wiederholtes Einschlagen des Hinterleibs abtauchen.
Auch die Puppen hängen an der Wasseroberfläche. Sie sind aber mehr kugelig und stellen mit 2 Atemhörnchen am Rücken den Kontakt zum Luftraum her. Wie die Larven können sie bei Gefahr, wenn beispielsweise auf die Wasseroberfläche ein Schatten fällt, blitzschnell abtauchen. Am Hinterleibsende besitzen sie 2 Ruderblättchen, um die Kraft beim Einschlagen des Hinterleibs effektiv zu verstärken. Diese hohe Beweglichkeit bei Insektenpuppen ist ungewöhnlich, denn immerhin müssen während der Puppen»ruhe« vielfältige Umbauprozesse die Körperform und die Organe betreffend stattfinden.
Nach 2–4 Tagen schlüpft das Vollinsekt an der Wasseroberfläche aus der reifen Puppe. Die Mücke bleibt noch einige Zeit auf dem Wasser sitzen um auszuhärten, bevor sie davonfliegt.

Entwicklungsschema der Gewöhnlichen Stechmücke.

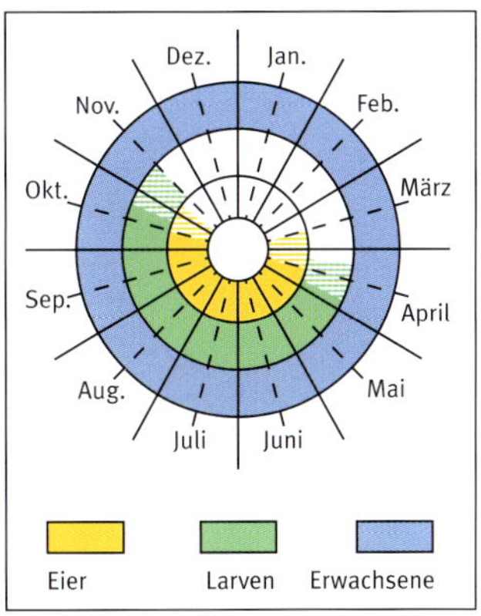

Stechmücken legen ihre Eischiffchen in Stillgewässern jeglicher Art ab, auch wenn diese sehr klein sind. Das können im Einzelfall Regentonnen oder Wasserreste in (Blumen-) Töpfen, Dosen oder alten Autoreifen sein. Da auch in solche »Gefäße« mit dem Wind Nährstoffe und Dauerstadien von Mikroorganismen eingetragen werden, finden die Stechmückenlarven im Allgemeinen genügend Nahrung, um sich zu entwickeln. Wenn Sie also keine Stechmückenzucht auf Ihrem Grundstück betreiben wollen, achten Sie darauf, dass sich derartige Wasseransammlungen nicht bilden können oder kontrollieren Sie die Gefäße. Regentonnen kann man z. B. mit einem Deckel oder Gazenetz abdecken, um die Eiablage von Stechmücken zu unterbinden.

Nur die Weibchen besitzen einen funktionsfähigen Stechrüssel. Sie müssen eine Blutmahlzeit zu sich nehmen, damit sich die Eier entwickeln können. Die Männchen erkennt man an den büschelförmig befiederten Fühlern; sie können nicht stechen, sondern saugen bestenfalls Säfte von Blüten oder Früchten. Zur Begattung orten sie die Weibchen durch deren charakteristischen Flugton (350 Hertz).

Wohl von allen gehasst: die Stechmücke.

Die Weibchen stechen vor allem nachts (andere Arten auch zu anderen Zeiten). Sie finden ihre Wirte für die Blutmahlzeit durch kleine Temperaturunterschiede, die sie wahrnehmen können, Änderungen in der Konzentration des CO_2 (wird beim Ausatmen abgegeben) oder verschiedene Stoffe im Schweiß oder Harn. Gewöhnliche Stechmücken stechen auch häufig Vögel, andere Arten gehen sogar an Amphibien, Reptilien oder Insektenlarven (z. B. Schmetterlingsraupen). Wegen der kurzen Entwicklungszeit können Stechmücken etliche Generationen im Jahr hervorbringen und bis zum Herbst beachtliche Populationen aufbauen. Zum Jahresende sterben die Männchen, während befruchtete Weibchen geschützte Stellen, auch in Kellern, Schuppen oder auf Dachböden aufsuchen, um den Winter zu überdauern.
Neben der Gewöhnlichen Stechmücke kommt auch die **Malaria- oder Fiebermücke** *(Anopheles maculipennis)* in Gartenteiche. Diese Art (und einige andere) überträgt in wärmeren Regionen die gefährliche Malaria (Wechselfieber), ist in Mitteleuropa (zurzeit) aber in dieser Hinsicht nicht gefährlich. Die Fiebermücke

Die Larven der Fiebermücke hängen waagerecht an der Wasseroberfläche.

legt ihre schwimmfähigen Eier einzeln auf der Wasseroberfläche ab. Die grünlichen Larven ohne Atemrohr hängen waagrecht an der Wasseroberfläche und atmen durch Stigmen (kleine Atemöffnungen) auf dem vorletzten Hinterleibssegment. Die Feinde der Stechmücken sind vor allem Vögel, Spinnen und Insekten. Die Larven werden von allen räuberischen Wassertieren gern erbeutet. Wollen Sie ihren Gartenteich frei von Stechmückenlarven haben, sollten Sie also dafür sorgen, dass sich eine vielfältige Lebensgemeinschaft einstellt.

Zuckmücken
Chironomidae

Zuckmückenlarven sind überall häufig und kommen mit etwa 1000 Arten in allen Gewässertypen Mitteleuropas vor: in Quellen und Flussmündungen, in Pfützen und großen Seen, in Thermalquellen und Hochgebirgstümpeln – und natürlich in Gartenteichen. Sie sind wurmförmig, werden je nach Art und Alter bis 14 mm groß und leben meist im Schlamm. In nährstoffreichen Gewässern können sie eine Dichte bis 5000 Individuen pro Quadratmeter erreichen, sodass sie eine wichtige Nahrung für Fische und andere räuberisch lebende Arten bilden.
Viele Zuckmückenlarven bauen im Bodensubstrat Gespinströhren, in denen sie leben, andere heften ihre Gespinste an feste Oberflächen. Oft haben die Larven am Hinterende schlauchförmige Anhänge, die der Atmung und Regulation des Salzhaushalts dienen. Die verbreitetste Art der Sauerstoffversorgung ist allerdings Hautatmung, weshalb die Larven in

ihren Röhren schlängelnde Bewegungen ausführen, um den Wasserstrom in Gang zu halten. Besonders Larven in sauerstoffarmen Gewässern sind rot gefärbt, da sie den Blutfarbstoff Hämoglobin besitzen, der eine effizientere Sauerstoffnutzung erlaubt.
Zuckmückenlarven ernähren sich recht unterschiedlich. Viele Arten fressen Planktonalgen oder abgestorbene Gewebeteile. Einige bauen in ihren Gespinströhren kleine Netze, in denen sich diese Partikel verfangen; die Netze werden dann regelmäßig im Abstand von wenigen Minuten verzehrt. Manche Arten minieren auch in Pflanzenteilen oder ernähren sich räuberisch.

Rote Zuckmückenlarven enthalten Hämoglobin.

Zuckmücken stechen nicht. Hier ein Männchen mit den charakteristischen büschelförmigen Fühlern.

Die Verpuppung geschieht im Allgemeinen in den etwas umgebauten Gespinströhren der Larven. Auch die Puppen schlagen mit dem Körper, um für Wasserzirkulation und damit Zufuhr von Sauerstoff zu sorgen. Der Gasaustausch geschieht meist über weiße, büschelige Tracheenkiemen am Rücken.
Die Vollinsekten sind 2–13 mm groß, meist bräunlich oder grünlich gefärbt und ähneln Stechmücken, können aber nicht stechen. Charakteristisch sind die hoch gewölbte Brust, die kurzen Flügel, die anders als bei den Stechmücken den Hinterleib nicht ganz bedecken, und natürlich das Fehlen des Stechrüssels. Die langen Vorderbeine werden beim Sitzen nach vorn gestreckt und zucken auffällig (Name!). Die Männchen besitzen büschelförmige Fühler und bilden bei günstigen Wetterlagen (warm, windstill) dichte Schwärme (anderer Name: Tanzmücken), die oft viele Meter Höhe erreichen und schon mehrfach für Rauch-

Zuckmückenlarven leben meist recht verborgen im Gartenteich. Aber Sie können ihre »Spuren« entdecken. Damit das Vollinsekt schlüpfen kann, steigen die Puppen zur Oberfläche, die Puppenhaut platzt auf und die Zuckmücke schlüpft heraus. Zurück bleibt die leere Puppenhaut mit 2 charakteristischen weißen Haarbüscheln, ehemalige Tracheenkiemen, die die Puppe mit Sauerstoff versorgt haben. Diese Häutungsüberbleibsel (Exuvien) fallen an der Wasseroberfläche auf und werden manchmal am Gewässerrand zusammengetrieben.

schwaden gehalten wurden, sodass die Feuerwehr ausrückte. Weibchen, die sich dem Schwarm nähern, werden von einem Männchen gepackt und begattet. Die Eipakete werden über dem Wasser abgeworfen oder an Gegenstände in Wassernähe geklebt. Eine Gallerthülle quillt im Wasser auf, sodass sich typisch geformte, manchmal mehr als 1 cm lange Gelege bilden.
Zuckmücken kommen insbesondere bei Zimmerlicht oft massenweise in Wohnungen. Ihre eingetrockneten Körper findet man dann oft angehäuft in den Ecken der Fensterbretter. Wegen ihrer Häufigkeit sind Zuckmücken wichtige Nahrung für Vögel und andere Insektenfresser. Anders als bei den *Culex*-Stechmücken überwintern nicht die Vollinsekten, die nur wenige Tage alt werden, sondern die Larven.

Büschelmücken
Chaoboridae

Büschelmücken sehen Stechmücken sehr ähnlich, besitzen aber keinen Stechrüssel – ähnlich wie die Zuckmücken. Ihre Larven schweben wie durchsichtige kleine, etwa 10–12 mm lange Glasstäbchen (so auch der populäre Name) waagrecht im Wasser und sind nur schwer zu entdecken. Am ehesten fallen die bohnenförmigen, silbern glänzenden Tracheenblasen vorn und hinten im Körper auf. Mit ihnen regeln die Larven ihren Auftrieb. Sie schweben meist, können langsam auf- oder absteigen, aber auch durch blitzschnelle Bewegungen davonschießen.
Büschelmückenlarven praktizieren Hautatmung, müssen also zur Sauerstoffversorgung nicht an die Wasseroberfläche. Sie leben räuberisch und fangen mit ihren zu Greiforganen umgewandelten Antennen insbesondere Wasserflöhe. Auch die Puppen schweben frei im Wasser, allerdings senkrecht.

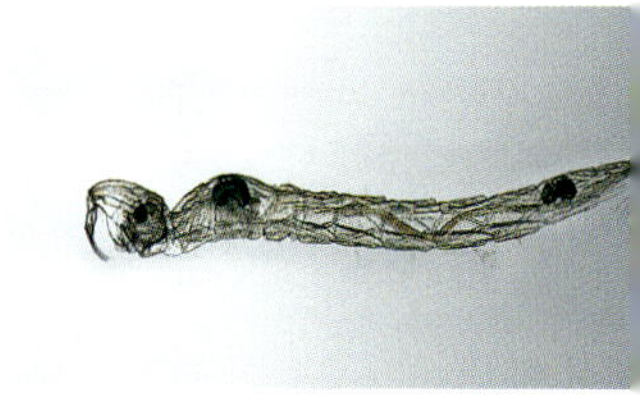

Die Larven der Büschelmücke sind als »Glasstäbchen« bekannt.

Die Atemöffnungen am Körperende der Tastermücken durchbrechen das Oberflächenhäutchen.

Tastermücken
Dixidae

Die bräunlichen, bis 10 mm langen Larven der Tastermücken leben in dünnen Wasserschichten, z. B. im engsten Uferbereich oder an Schwimmblättern, und sind in Stillgewässern und Gräben weit verbreitet. Ihr auffälligstes Merkmal ist die U-förmige Krümmung des Körpers. Durch schlagen der beiden Schenkel können sie sich fortbewegen. Als Nahrung werden Mikroorganismen und organische Partikel an der Wasseroberfläche herbeigestrudelt. Die etwa 4 mm großen, langbeinigen Vollinsekten ähneln kleinen Kohlschnaken und sind nicht stechende Blütenbesucher.

Waffenfliegen
Stratiomyidae

Waffenfliegen sind 3–20 mm groß, im typischen Fall in Größe und Gestalt einer Stubenfliege ähnlich, der Hinterleib jedoch breit-abgeflacht, oft auffällig schwarz-gelb gezeichnet und nicht ganz von den Flügeln überdeckt. Sie bewegen sich eher träge und besuchen gern Blüten, um dort Pollen und Nektar zu fressen.
Die Larven etlicher Arten leben im Wasser. Sie sind graugrün, spindelförmig, bis 5 cm lang und das Hinterende ist in eine Atemröhre verlängert. An deren Ende befindet sich ein Haarkranz, mit dem sich die Larven kopfunter an der Wasseroberfläche aufhängen. Sie leben gern in dichten Algenwatten und sind nur zu langsamen, schlängelnden Bewegungen fähig. Mit ihren Mundwerkzeugen weiden sie Mikroorganismen auf Steinen und Pflanzen ab. Nach der Überwinterung der Larve findet die Verpuppung in der letzten Larvenhaut statt. Die Puppen treiben im Frühjahr steif auf der Wasseroberfläche.

Larve einer Waffenfliege.

Die Rattenschwanzlarven mancher Schwebfliegen sind sehr tolerant gegenüber organischer Verschmutzung und kommen sogar in Jauchegruben vor.

Schwebfliegen
Syrphidae

Die oft auffällig schwarz-gelb oder -braun gezeichneten Schwebfliegen dürften allgemein bekannt sein. (Ihr Hinterleib ist nie breit-abgeflacht wie bei den Waffenfliegen.) Ihre Larven haben als Blattlausvertilger bei Gartenfreunden einen gutem Ruf. Es gibt aber auch in dieser Familie etliche Arten mit aquatischen Larven.
Am bekanntesten sind die so genannten Rattenschwanzlarven der **Schlammfliegen** *(Gattungen Eristalis* und *Eristalomyia)*. Sie besiedeln schlammige, stark mit Nährstoffen belastete Stillgewässer bis hin zu Jauchegruben. Die weißgrauen, walzenförmigen Larven werden bis 2 cm lang und besitzen ein Atemrohr, das sie – je nach Art – bis auf 10 cm Länge ausfahren können, um die Wasseroberfläche zu erreichen. Sie ernähren sich von Abfallstoffen und Mikroorganismen, die sie aus dem Schlamm herausfiltern. Den Winter verbringen sie im Schlamm und gehen zur Verpuppung an Land. Das Auftreten von Rattenschwanzlarven ist ein Anzeichen dafür, dass der Gartenteich stark verunreinigt ist und saniert werden muss (vgl. S. 26 und 118).

Eintagsfliegen

Trotz ihres Namens sind die Eintagsfliegen (Ephemeroptera) nicht mit den Fliegen aus der Ordnung der Zweiflügler (vgl. voriges Kapitel) verwandt – außer dass beide zu den Insekten zählen. Das hängt damit zusammen, dass die volkstümlichen Namen bereits viel älter sind als die wissenschaftlichen Erkenntnisse über Abstammungslinien und Verwandtschaftsgrade.
Und so gibt es eben neben den »echten« Fliegen noch Köcherfliegen, Schlammfliegen, Steinfliegen oder Eintagsfliegen, um nur diejenigen mit aquatischen Larven zu nennen.
Im Gartenteich kann man neben den schon besprochenen Gruppen sicher auch Eintagsfliegen erwarten. Die mit etwa 120 Arten in Mitteleuropa verbreiteten **Steinfliegen** sind typische Arten sauerstoffreicher Fließgewässer und auch von den 3 bei uns verbreiteten **Schlammfliegenarten** sind bestenfalls die Larven von *Sialis lutaria* zu erwarten. Sie zeichnen sich durch relativ lange, gegliederte Tracheenkiemenäste am Hinterleib aus.
Eintagsfliegen sind mit etwa 100 Arten in Mitteleuropa verbreitet. Charakteristisches Kennzeichen dieser schlanken, weichhäutigen Insekten von 3–38 mm Körperlänge sind die transparenten, in viele kleine Felder unterteilten Flügel, die in Ruhe über dem Rücken hochgeschlagen werden, sowie die 3 (selten 2) oft mehr als körperlangen Schwanzfäden. Die Hinterflügel sind deutlich kleiner als die Vorderflügel, selten ganz rückgebildet (Gattung *Cloeon)*.
Eintagsfliegen nehmen keine Nahrung auf; die Mundwerkzeuge sind rückgebildet, der Darm ist prall mit Luft gefüllt. Sie haben eine unvollkommene Verwandlung (ohne Puppe). Die Begattung findet meist im Flug statt. Die Weibchen werfen die Eier über Wasser ab, geben sie durch Eintupfen des Hinterleibs direkt in dieses ab oder kriechen unter Wasser und kleben sie ans Substrat *(Baetis)*.
Die Larven haben 3 (selten 2) lange, manchmal befiederte Schwanzborsten (bei Steinfliegenlarven stets 2). Arten der Fließgewässer haben meist eine ausgesprochen flache und breite Körperform, sodass sie der Strömung, eng an einen Stein gepresst, möglichst wenig ausgesetzt sind. Larven in einem Gartenteich zeigen solche Anpassungen natürlich nicht. Bei frisch geschlüpften Larven ist zunächst Hautatmung verbreitet. Ab dem 2. Stadium dienen blattförmige oder verästelte (bei Fließwasserarten) Tracheenkiemen am Hinterleib, die sich rhythmisch bewegen, der Sauerstoffversorgung.
Bei Arten in stehenden Gewässern bilden die Schwanzfäden oft einen Schwimmfächer, sodass sich die Larven durch schlängelndes Auf und Ab des Hinterleibs schwimmend fortbewegen können. Die Nahrung besteht im Allgemeinen aus tierischen und pflanzlichen Organismen, die vom Untergrund abgeschabt

Charakteristisch für Eintagsfliegen sind die 3 (seltener 2) Schwanzfäden, die großen, transparenten, gefelderten Vorderflügel sowie die kleinen Hinterflügel.

In Gartenteichen sind am häufigsten Eintagsfliegenlarven der Gattung *Cloeon*, die durch den der Fortbewegung dienenden Schwanzfächer und die kleinen Tracheenkiemenblättchen am Hinterleib auffallen.

werden (Aufwuchs) oder aus abgestorbenen Tier- und Pflanzenteilen (Detritus).

Eintagsfliegen haben viele Larvenstadien, 12 bis weit über 20 sind – je nach Art – bekannt. Während des Wachstums werden die Flügelscheiden von Häutung zu Häutung größer, sodass man daran in etwa das Alter der Larven abschätzen kann. Die fertig entwickelte Larve steigt dann abends oder nachts zur Wasseroberfläche und es schlüpft ein flugfähiges Insekt mit milchig trüben Flügeln und kurzen Schwanzborsten. Es ist nicht geschlechtsreif, sondern – einmalig unter Insekten – eine so genannte Subimago. Diese häutet sich dann nach Minuten oder bis zu einem Tag zum Vollinsekt. Wie der Name Eintagsfliege bereits kundtut: Die Vollinsekten leben kaum 1 Stunde oder bis zu wenigen Tagen. Die Larven überwintern. Pro Jahr gibt es meist 1 Generation, selten mehrere; einige Arten benötigen 2 oder 3 Jahre für die Entwicklung.

Im Gartenteich ist am häufigsten mit der **Fliegenhaft** *(Cloeon dipterum)* zu rechnen. Die grünlichen Larven werden etwa 9 mm lang (ohne die etwa gleich langen Schwanzfäden) und halten sich gern zwischen Wasserpflanzen von Stillgewässern auf, selbst in Pfützen kann man sie finden. Fängt man sie mit einem Kescher, fällt auf, dass sie darin wie winzige Fischchen herumzappeln. Die etwa 9 mm langen Imagines-Männchen haben so genannte Turbanaugen (d. h. ein Teil der zweigeteilten Augen ist zylinderförmig erhoben) und treten oft in riesigen Schwärmen auf. Die Entwicklung der Eier findet nach der Begattung im Körper des ruhenden Weibchens statt. Nach etwa 10–14 Tagen wirft es bräunliche Eischnüre aus dem Flug ab. Bei Kontakt mit dem Wasser schlüpfen innerhalb von 1 Minute die Larven.

Krebstiere

Insgesamt sind über 42 000 Arten von Krebstieren (Crustacea) bekannt, von denen die meisten im Meer, einige im Süßwasser und nur ganz wenige an Land vorkommen. Die großen Arten wie Hummer oder Strandkrabben werden von jedem ohne Probleme als Krebse erkannt. Es gibt jedoch auch zahlreiche Krebsarten, die vom Laien nicht ohne weiteres als den Krebstieren zugehörig eingeordnet werden würden, z. B. die winzigen Wasserflöhe und Hüpferlinge (S. 93), die Muschelkrebse mit ihrer zweiklappigen Schale oder die Seepocken mit ihrem scharfkantigen Kalkgehäuse, die jeder Meeresurlauber aus der Spritzwasserzone kennt. Auch die Asseln, die mit verschiedenen Arten sowohl im Meer wie auch im Süßwasser und an Land zu finden sind, gehören zu den Krebstieren.
Die kleinsten, zum Plankton gehörenden Krebse erreichen noch nicht mal 1 mm Größe, während die größten, z. B. der Amerikanische Hummer, bis zu 60 cm messen.
Als wichtigste gemeinsame Merkmale besitzen die so unterschiedlichen Krebstiere stets 2 Paare Antennen, 3 Paar kauende Mundwerkzeuge und mehr als 4 Beinpaare. Der Körper ist in vielen Fällen von einem kräftigen Chitinpanzer bedeckt. Die Fortpflanzung der Krebstiere erfolgt meist zweigeschlechtlich, bei einigen Arten tritt jedoch auch eine so genannte Jungfernzeugung auf. Die Entwicklung verläuft direkt oder aber über verschiedene Larventypen, von denen die Nauplius-Larve und die Zoea-Larve die bekanntesten sind. Die Vielgestaltigkeit, ihre oft große ökologische Bedeutung und nicht zuletzt ihre faszinierende Lebensweise machen die Krebse zu einer der interessantesten Tiergruppen.

Kamberkrebs
Orconectes limosus

Ein möglicher Besiedler größerer Gartenteiche ist der Kamberkrebs oder Amerikanische Flusskrebs. Er stammt ursprünglich aus Nordamerika und wurde 1890 bei uns angesiedelt, da er weitgehend resistent gegen den Erreger der gefürchteten Krebspest ist. Seither hat er sich in Mitteleuropa rasant ausgebreitet. Der mit einer Länge von höchstens 12 cm eher kleine Edelkrebs mit den kleinen Scheren ist braun gefärbt. Er ist leicht an den dunkelbraunen Querbinden auf dem Hinterleib sowie an den orangeroten Dornen seiner Scherenspitzen, die durch einem blauen Bereich vom restlichen Scherenfinger abgesetzt sind, zu erkennen. Seine Ansprüche an sein Wohn-

Der Kamberkrebs wurde im vorletzten Jahrhundert aus Nordamerika bei uns eingeschleppt.

gewässer sind gering, er kann auch in stark belasteten Gewässern überleben.
Der Kamberkrebs ist ein Allesfresser, der neben Wasserinsekten, Würmern, kleinen Fischen und Kaulquappen auch Aas und pflanzliche Nahrung nicht verschmäht. Der Krebs bewegt sich mit seinen 5 Brustbeinpaaren (einschließlich der Scherenbeine) sehr geschickt fort. Er kann aber auch durch schnelles Abwärtsschlagen des Schwanzfächers ruckartig rückwärts schwimmen. Bei der Paarung im Herbst werden die Weibchen von den Männchen mit den Scheren festgehalten und auf den Rücken gedreht. Anschließend deponieren die Männchen mit speziell dazu umgewandelten Beinen die Spermien in einer Körperöffnung des Weibchens. Die Larven schlüpfen im Mai.
Im Gegensatz zum heimischen **Edelkrebs** *(Astacus astacus)*, der früher fischereiwirtschaftlich genutzt wurde, ist er als Speisekrebs nicht sonderlich begehrt.

Die Wasserassel erfüllt die Funktion des »Müllwerkers« im Gartenteich.

Wasserassel
Asellus aquaticus

Die graubraun bis leicht violett gefärbten Wasserasseln besitzen einen flachen Körper mit 6 Brustbeinpaaren sowie Lamellen am Vorderkörper. Die ebenso wie die mit ihr eng verwandten Kellerasseln zu den Krebstieren gehörenden Tiere sind etwa 0,5–1,3 cm groß. Sie stellen kaum Ansprüche an die Beschaffenheit ihres Wohngewässers. Es darf jedoch keine zu starke Strömungsgeschwindigkeit besitzen und muss verwesende Stoffe, die den Tieren als Nahrung dienen, enthalten. Im Gartenteich sind sie daher im Allgemeinen häufig anzutreffen. Wasserasseln sieht man oft im Flachwasserbereich am Gewässerboden langsam umherkriechen oder an Wasserpflanzen emporklettern. Sie können bei Bedarf aber auch recht gut schwimmen.

Während der rund 8 Tage dauernden Vorpaarung der Wasserasseln sieht man das kleinere Weibchen das bedeutend größere Männchen auf dem Rücken tragen. Zur eigentlichen Begattung legen sich die Partner dann mit den Bauchseiten aneinander. Die Weibchen bilden mit Hilfe der Beine einen Brutraum, in dem die Jungen so lange mitgeführt werden, bis sie außer der geringeren Körpergröße den erwachsenen Tieren vollkommen gleichen. Die Entwicklung dauert je nach Wassertemperatur und Nahrungsangebot 3–6 Wochen.

Im Gartenteich erfüllen Wasserasseln die wichtige Funktion der Müllabfuhr. Sie ernähren sich von abgestorbenen und verwesenden Pflanzenteilen. Durch ihre Fressaktivitäten zerkleinern sie die Pflanzenabfälle in viele kleine Stücke, die dadurch viel besser von den Bakterien zersetzt werden können. Dadurch wird eine Faulschlammbildung mit all ihren für den Gartenteich so negativen Folgen verhindert. Wasserasseln haben eine ausgezeichnete Regenerationsfähigkeit: Verletzte Körperteile werden abgestoßen und innerhalb kürzester Zeit (bei einer Häutung) durch neu nachgewachsene ersetzt.

Als Zeigerorganismus für die Wasserqualität (S. 23–25) sind Wasserasseln nicht geeignet, da sie als so genannte »Ubiquisten« sowohl in sehr sauberen als auch in stark verschmutzten Gewässern vorkommen. Lediglich bei einem Massenauftreten sollte man die Wasserqualität genauer untersuchen.

So erkennt man, ob ein Fisch von Karpfenläusen befallen ist:

- verliert Gewicht,
- starkes Scheuern,
- zeigt Flossenklemmen,
- springt häufig,
- Karpfenlaus ist noch am Körper (ist mit bloßem Auge gut erkennbar),
- rote Schwellung an der Stelle, an der eine Karpfenlaus saß.

So behandeln sie ihren Fisch bei Karpfenlausbefall:
Entfernen sie alle Karpfenläuse von der Körperoberfläche des befallenen Fisches **außerhalb** des Teiches. Behandeln sie die befallenen Fische in einem extra Becken mit Kochsalzbädern oder aber mit speziellen Insektiziden. Lassen sie sich dazu auf jeden Fall von einem Spezialisten oder Aquaristikfachhändler beraten! Der Befall gilt als gut behandelbar.

Karpfenlaus
Argulus foliaceus

Die Karpfenlaus zählt zu den Fischparasiten. Der etwa linsengroße, schildförmige, nahezu durchsichtige Kleinkrebs ist ein guter Schwimmer und sucht Fische zum Blutsaugen auf.
Mit seinen beiden Saugnäpfen, die von Teilen der umgeformten Mundwerkzeuge gebildet werden, saugt er sich an seinem Opfer fest, sticht mit seinem stilettartigen Saugstachel Gefäße unter der Haut an und saugt Blut aus. Meist bleibt die Karpfenlaus nur so lange am Fisch haften, bis sie ihre Mahlzeit beendet hat. Nach der Blutmahlzeit verlässt sie ihren Wirt und schwimmt frei im Wasser umher. Erst wenn sie wieder Hunger hat, sucht sie sich erneut einen Wirt. Bei kleineren Fischarten und Jungfischen kann der Befall zum Tode führen, größere Fische werden in ihrer Vitalität gehemmt. Da Karpfenläuse Fische nicht nur direkt schädigen sondern auch verschiedene Krankheiten innerhalb eines Teiches von Fisch zu Fisch übertragen, sind sie bei Fischteichbesitzern und besonders bei Koi-Liebhabern gefürchtet.

Die zu den Krebstieren gehörende Karpfenlaus ist ein gefürchteter Fischparasit.

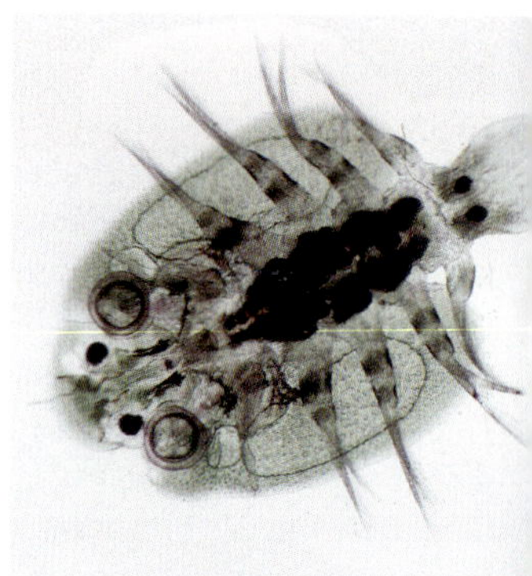

Wasserflöhe sind ganz typische Vertreter des Zooplanktons.

Zooplankton

Zum Plankton zählen Biologen alle Organismen, die im freien Wasser leben und deren Eigenbewegungen im Vergleich zu den Bewegungen des Wasserkörpers unbedeutend sind oder, anders ausgedrückt, die im Wasser schweben und passiv durch Strömungen verfrachtet werden. Ihre Eigenbewegungen dienen lediglich dazu, den Schwebezustand beizubehalten, beziehungsweise zur Regulation der Wassertiefe. Zum Süßwasserplankton gehören Bakterien und winzige Einzeller, aber auch größere Tiere wie z. B. Kleinkrebse. Für die Einteilung des Planktons gibt es verschiedene Kriterien, wobei die Unterscheidung nach der Ernährungsweise in Phytoplankton (pflanzliches Plankton) und Zooplankton (tierisches Plankton) die häufigste ist. Planktonorganismen müssen ständig gegen das Absinken im Wasser ankämpfen. Dazu haben sie je nach Art unterschiedliche Körperfortsätze oder aber auch Gasblasen, die einen Auftrieb bewirken, ausgebildet.
Im Gartenteich finden sich stets zwei Gruppen von Zooplanktern, die zu den Kleinkrebsen zählen: Wasserflöhe (Cladocera) und Hüpferlinge (Copepoda). Den Namen **Wasserfloh** haben die Kleinkrebse durch ihre auffällige Fortbewegungsweise erhalten: Mit ihren mächtigen, große Schwimmborsten tragenden 2. Antennen bewegen sie sich durch rhythmische Ruderschläge hüpfend wie ein Floh durch das Wasser. Die Färbung der Wasserflöhe reicht von glasklar über gelb bis grün oder rötlich. Die Größe ist je nach Art unterschiedlich und reicht von 1–6 mm. Wasserflöhe, oft auch Blattfußkrebse genannt, sind Filtrierer und ernähren sich meist von Bakterien, Algen oder Schwebeteilchen. Nur einige wenige Arten leben räuberisch. In den heimischen stehenden Gewässern kommen rund 90 verschiedene Arten vor.
Die bekannteste Art ist der ca. 3–4 mm große Gewöhnliche Wasserfloh *(Daphnia pulex)*, der zu den größten heimischen Wasserflöhen gehört. Ungewöhnlich ist die Fortpflanzung: Im Sommer findet man nur große Weibchen, die in der Rückenpartie unbefruchtete Eier und Jungtiere in einem Brutraum mitführen, sich also ungeschlechtlich vermehren.
Im Herbst, bei schlechteren Umweltbedingungen, treten die kleineren Männchen auf. Die befruchteten Dauereier können lange im Gewässer verbleiben. Bei günstigen Umweltbedingungen kann es zu Massenvermehrungen kommen.

Wer Zooplankton in Ruhe beobachten will, braucht nicht unbedingt ein oft teures Planktonnetz. Es genügt bereits, einige Liter Teichwasser durch einen Nylonstrumpf zu gießen und das Filtrat dann in ein klares Glasgefäß zu spülen. Hüpferlinge und Wasserflöhe lassen sich mit dem bloßen Auge beobachten.
Für kleinere Planktonarten und ein detailliertes Studium ist jedoch ein Mikroskop nötig.

Die zu den Kleinkrebsen gehörenden Hüpferlinge sind eine wichtige Fischnahrung.

Die meisten Vertreter der **Hüpferlinge** kommen im Meer vor, aber rund 140 Arten sind auch im Süßwasser zu finden. Unter den 0,5–2,5 mm großen Hüpferlingen gibt es Räuber, aber auch reine Algen- und Aasfresser. Je nach Art der Fortbewegung unterscheidet man zwischen »Schwebern« (Calaniden), »Schwimmern« (Cyclopiden) und Harpactiden. Die Schweber mit ihren extrem langen Antennen sind als echte Plankter in den Freiwasserzonen größerer Gewässer zu finden. Die pflanzenreiche Uferzone bzw. der Gartenteich sind dagegen eher eine Domäne der Schwimmer.

Die Schwimmer bewegen sich im Wasser durch Schlagen ihrer 1. Antennen fort. An dieser ruckartigen, hüpfenden Fortbewegung sind sie auch mit bloßem Auge leicht zu erkennen. Durch die Art ihrer Fortbewegung erfüllen sie eigentlich nicht mehr die Kriterien eines echten Plankters. Während die Weibchen der Schweber nur 1 Eisack tragen, besitzen die Weibchen der Schwimmer stets 2. Hüpferlinge wandern tagsüber in tiefere und damit schlechter durchlichtete Wasserzonen, um so ihren optisch orientierten Fressfeinden, den Fischen, zu entkommen. Die Vermehrung erfolgt immer über befruchtete Eier, aus denen zunächst eine Nauplius-Larve schlüpft, die sich dann nach mehreren Häutungen zum fertigen Krebs entwickelt. Die Harpactiden werden maximal 1 mm groß, besitzen sehr kurze Antennen und leben meist im Gewässerschlamm.

Im Gartenteich filtern Hüpferlinge und Wasserflöhe Schwebstoffe aus dem Wasser und tragen damit zur Teichreinigung bei. Außerdem sind sie ein begehrtes Fischfutter.

Spinnentiere

Spinnentiere gehören zu den Gliederfüßern. Ihr Körper gliedert sich in 2 Abschnitte (Ausnahme: Milben); am Vorderkörper sitzen 4 Beinpaare, am Hinterleib häufig Spinndrüsen. Manche Spinnen wie die Jagdspinne *(Dolomedes)* und der Wasserjäger *(Pirata)* gehen auf die Wasseroberfläche, im Wasser leben die Wasserspinne und Milben.

Wasserspinne
Argyroneta aquatica

Die Wasserspinne aus der Familie der Trichterspinnen ist die einzige ganz im Wasser lebende Spinne. Das Männchen der eher unscheinbar bräunlich gefärbten Spinnenart ist deutlich größer als das Weibchen. Obwohl die Wasserspinne ihr ganzes Leben im Wasser verbringt, ist sie nicht vollständig an dieses Element angepasst: Sie benötigt Luftsauerstoff um zu atmen. Dazu kommt sie an die Wasseroberfläche und streckt ihren Hinterleib aus dem Wasser. Beim Abtauchen nimmt die Wasserspinne mit Hilfe des Haarkleides des Hinterleibs eine Luftblase zur Sauerstoffversorgung unter Wasser mit. Diese »physiologische Kieme« dient der Sauerstoffversorgung unter Wasser, indem verbrauchter Sauerstoff

Wasserspinnen bauen unter Wasser luftgefüllte Glocken. Diese hat eine Zuckmückenlarve erbeutet.

aus dem Wasser ersetzt wird. Unter Wasser baut die Wasserspinne luftgefüllte Glocken, die mit Taucherglocken vergleichbar sind. Man kann verschiedene Glockenarten nach ihrer Funktion unterscheiden: Neben den geräumigen Wohnglocken gibt es noch spezielle Häutungs- und Fortpflanzungsglocken sowie Glocken in denen die Aufzucht der Jungen stattfindet. Wasserspinnen ernähren sich von Kleinkrebsen, Insektenlarven und anderen kleinen Wirbellosen. Die Beutetiere werden durch einen Giftbiss getötet, in die Wohnglocke geschleppt und dort – so zu sagen im Luftraum – gefressen.

Sollten Sie das Glück haben, ein Exemplar dieser seltenen Spinnenart in ihrem Gartenteich zu entdecken, nehmen sie es nicht in die Hand. Die Wasserspinne gehört nämlich zu den ganz wenigen heimischen Spinnenarten, deren Biss schmerzhaft ist.

Wassermilben
Hydracarina

Charakteristisch für die kugelförmigen, zwischen 0,8 und 8 mm großen, rot, grün oder gelb gefärbten Winzlinge sind die 4 Beinpaare, die man jedoch meist nur mit Hilfe einer Lupe erkennen kann. Mit einer Vielzahl von Arten besiedeln die Wassermilben nahezu alle Binnengewässertypen, nur sehr stark verschmutzte Gewässer werden gemieden. Auch im Gartenteich sind sie häufig zu finden, da ihre Eier oft mit Pflanzenmaterial eingeschleppt werden. Alle Wassermilben sind Räuber. Ihre Beute sind Kleinkrebse und kleinere Insektenlarven. Wassermilben packen ihre Beute und stechen sie mit ihren Stechwerkzeugen an. Anschließend spritzen sie ein Verdauungssekret ein, das die inneren Organe der Opfer auflöst. Nur der so entstandene Nahrungsbrei ist für die Milben interessant, die leer gesaugte Haut wird fallen gelassen.

Die prächtig gefärbten Wassermilben leben räuberisch.

Würmer

Unter dem Oberbegriff »Würmer« sind mehrere wurmartige Tierstämme zusammengefasst, die sich jedoch nicht nur im Körperbau, sondern auch in ihrer Biologie deutlich voneinander unterscheiden.
Wichtigstes Kennzeichen der **Strudelwürmer** (Turbellaria) ist der Besatz ihrer Körperoberfläche mit mikroskopisch kleinen Wimpern, die mit ihrem wellenförmigen Schlag zur Fortbewegung beitragen.
Die **Ringelwürmer** (Annelida) dagegen sind durch eine mehr oder weniger gleichmäßige Gliederung des Körpers in Segmente gekennzeichnet. Zu den Ringelwürmern gehören die Wenigborster (Oligochaeta) und die Egel (Hirudinea).
Überall bekannte und weit verbreitete Vertreter der **Wenigborster** sind die im Boden lebenden Regenwürmer. Die meisten der rund 7000 Arten leben jedoch im Süßwasser. So ist im Gartenteich der Schlammröhrenwurm besonders häufig anzutreffen.
Im Gegensatz zu den meist sehr schlanken Wenigborstern sind die **Egel** muskulöser und von einer kompakteren Gestalt. Borsten fehlen ihnen. Ein wichtiges Erkennungsmerkmal sind der kleine Mundsaugnapf am Vorderende und der größere Saugnapf am Hinterende. Die Saugnäpfe dienen der Fortbewegung, die durch Ausstrecken des Vorderkörpers, Festheften des Mundsaugnapfes und Nachziehen des Hinterkörpers erfolgt. Egel ernähren sich räuberisch von anderen Tieren oder parasitisch von deren Körperflüssigkeit. Der wohl bekannteste Egel ist der heute selten gewordene Medizinische Blutegel *(Hirudo medicinalis)*, der allerdings, im Gegensatz zum Fischegel, dem Hundeegel sowie einigen Schneckenegelarten, nicht im Gartenteich vorkommt.

Die Milchweiße Planarie ist vor allem in pflanzenreichen Teichen zu finden.

Milchweiße Planarie
Dendrocoelum lacteum

Dieser in fließenden und stehenden Gewässern weit verbreitete und häufige Strudelwurm erreicht eine Länge von bis zu 3 cm. Der Körper der Planarie ist milchweiß mit oft rötlich durchschimmerndem Darm. Da ein After fehlt, werden die Nahrungsreste über den Mund abgegeben. Am Vorderende mit 2 breiten, kaum vorragenden Tentakeln liegen 2 nur wenig leistungsstarke Augen, die nur ein Hell-Dunkel-Sehen und ein Richtungssehen ermöglichen. Die Milchweiße Planarie ist sehr lichtscheu und lebt deshalb versteckt unter Steinen. Sie ernährt sich von lebenden und toten Kleintieren aller Art. Der Mund befindet sich etwa in der Mitte der Bauchseite.
Planarien sind Zwitter mit äußerst komplizierten Geschlechtsorganen. Die Eier werden in kugeligen Kokons an Steine oder Wasserpflanzen geklebt. Nach wenigen Wochen schlüpfen bereits komplett ausgebildete kleine Planarien. Erwähnenswert ist noch das ausgesprochen gute Regenera-

tionsvermögen der Planarien. Oft findet man im Gartenteich auch den **Gefleckten Strudelwurm** *(Dugesia tigrina)*, eine aus Amerika eingeschleppte Art, die an ihrem spitzwinkligen, dreieckigen Kopf und ihrer gefleckten bzw. gestreiften Oberseite gut zu erkennen ist.

Fischegel
Piscicola geometra

Der meist sehr variabel gefärbte Fischegel wird 5–8 cm lang und kommt in pflanzenreichen Gewässern aller Art vor. Er ist sehr schlank und leicht an seinen grünen Körperringen und dem großen hinteren Saugnapf zu erkennen. Am Mundsaugnapf sitzen 4 Augen. Fischegel sind Außenparasiten bei Fischen, die sich ähnlich wie ihr prominenter Verwandter, der Medizinische Blutegel, an ihrem Opfer festzusaugen um Blut zu entnehmen. Dazu lauern sie ihrem Wirt auf, indem sie sich oft tagelang mit schräg vorgestrecktem Körper an Wasserpflanzen oder dem Teichboden mit ihrem hinteren Saugnapf anheften. Mit ihrem Saugnapf am Vorderende heften sie sich dann an vorbeischwimmende Fische. Der Fischegel gehört zu den so genannten Rüsselegeln, d. h. er saugt mit einem aus dem Schlund gebildeten Rüssel, der in die Haut seiner Opfer eingestochen wird. Nach der etwa 3 Tage dauernden Blutmahlzeit verlassen die Parasiten ihren Wirtsfisch wieder. Durch den Blutverlust werden die Fische geschwächt, es kommt oft zu

Fischegel heften sich mit den beiden Saugnäpfen an ihren Opfern fest.

Sekundärinfektionen der Stichwunden und die Tiere werden deutlich anfälliger gegenüber verschiedenen Fischkrankheiten. Fischegel treten besonders häufig in stark verschlammten und verkrauteten Teichen auf.

Der Hundeegel gehört zu den Schlundegeln und lebt räuberisch.

Hundeegel
Erpobdella octoculata

Der Hundeegel erreicht eine Körperlänge bis zu 6 cm. Die Färbung ist dunkelbraun mit Querreihen gelblicher Flecke. Dieser Egel ist leicht an seinen 8 punktförmigen Augen am Vorderende zu erkennen, wie es auch sein lateinischer Name *octoculata* (Achtauge) besagt. Er ist weit verbreitet und kommt häufig in Gewässern aller Art vor. Meist ist er auf der Unterseite von Steinen anzutreffen. Er kann sich sehr lang und dünn machen, wenn er sich spannerartig fortbewegt, ist jedoch auch ein geschickter Schwimmer. Im Gegensatz zum oben erwähnten Fischegel ist er ein Schlundegel, der seine Beute, meist Insektenlarven oder Würmer, mit seinem äußerst dehnbaren Schlund verschlingt.

Der Schlammröhrenwurm kommt manchmal in solchen Massen vor, dass die Teichoberfläche rot gefärbt zu sein scheint. Bei einer Erschütterung des Teichufers durch hartes Auftreten ziehen sich die Würmer jedoch alle blitzartig in ihre Röhren zurück. Dann ist der Teichboden mit einem Schlag wieder dunkelbraun gefärbt.

Schlammröhrenwurm
Tubifex spec.

Der zu den Ringelwürmern (Annelida) gehörende Schlammröhrenwurm ist 5–8 cm lang, wie sein enger Verwandter der Regenwurm gleichmäßig in Ringe gegliedert und durch seine rote Färbung unverwechselbar. Die Würmer leben, wie ihr Name schon sagt, in Röhren im Schlamm stehender und fließender Gewässer. Man findet die Tiere bevorzugt dort, wo der Teichboden mit den Abbauprodukten toter Tiere und Pflanzen angereichert ist. Beim Röhrenbau werden Schlammteilchen mit Schleim aus der Haut verklebt. Die Würmer stecken mit dem dicken Vorderende in der engen, glatten Röhre, während das dünne Hinterende ins freie Wasser ragt und dabei ununterbrochen schlängelnde Bewegungen macht. Bei Gefahr, beispielsweise einer Erschütterung, können sich die Würmer blitzartig in die Röhre zurückziehen. Der Schlammröhrenwurm ernährt sich vom organischen Anteil des Schlamms. Seine Fresszone befindet sich im Boden in etwa 6 cm Tiefe. An das Leben im Schlamm mit seinem niedrigen Sauerstoffgehalt sind die Würmer hervorragend angepasst: Die Pendelbewegungen des Hinterendes dienen zum Herbeistrudeln frischen Wassers, das in den Enddarm, in dem die Atmung stattfindet, aufgenommen und wieder ausgestoßen wird. Die stark durchblutete Darmwand nimmt dabei den Sauerstoff ähnlich einer Kieme aus dem Wasser auf. Der in der Körperflüssigkeit gelöste Blutfarbstoff Hämoglobin, der auch die Rotfärbung der Würmer bewirkt, hilft ihnen, auch noch geringe Sauerstoffmengen aus der Umgebung aufzunehmen. Schlammröhrenwürmer können sogar bis zu 600 Stunden ohne Sauerstoff auskommen. Sie verlassen dann allerdings ihre Wohnröhren.

Schlammröhrenwürmer sind nicht nur wichtige Zeigerorganismen (vgl. S. 24) für starke organische Wasserbelastungen, sondern auch bei Aquarianern ein beliebtes Fischfutter – und sie werden zu diesem Zweck gezüchtet.

Die Rotfärbung der Schlammröhrenwürmer wird vom Blutfarbstoff Hämoglobin verursacht.

Nesseltiere

Nellseltiere sind einfach gebaute Mehrzeller ohne Kopf und komplexe Sinnesorgane. Ein charakteristisches Merkmal sind die namengebenden, kompliziert gebauten Nesselkapseln.

Die Nesselkapseln der Süßwasserpolypen sitzen meist an den Tentakeln.

Süßwasserpolyp
Hydra vulgaris

Auch im Gartenteich kann man Süßwasserpolypen finden. Das zu den Nesseltieren (Cnidaria) gehörende harmlose Minimonster ist allerdings wegen seiner geringen Größe von ca. 1 cm nur schwer zu entdecken. Sein Körperbau ist vergleichsweise einfach: Er besteht aus einem zweischichtigen Schlauch, dessen unteres Ende mit einer Fußscheibe verschlossen ist. Am anderen Ende liegt der von 4–7 Tentakeln umgebene Mund, der, da ein After fehlt, auch für die Ausscheidung zuständig ist. Auffällig sind die Formveränderungen, die der enorm dehnungsfähige Polyp durchführen kann. Zum Fang ihrer Beute besitzen die Süßwasserpolypen winzige, aber tödliche Waffen, die so genannten Nesselkapseln (Cniden). Diese befinden sich bevorzugt an den Tentakeln. Sie bestehen aus einer mit einem Deckel verschlossenen Kapsel, in der ein aufgewickelter, dornenbewehrter Nesselfaden verborgen ist. Ein winziger borstenartiger Auslöser am Deckel, das so genannte Cnidocil dient als »Abzug« für den Nesselfaden: Bei Berührung der Sinnesborste durch ein Beutetier (z. B. einen Wasserfloh) explodiert die Nesselkapsel und schleudert den Nesselfaden wie eine Harpune nach außen. Die Dornen durchschlagen die Körperwand des Beutetiers und am Ende des Fadens wird durch eine kleine Öffnung ein nesselndes Gift injiziert, das die Beute lähmt oder tötet. Danach wird das Beutetier mit Hilfe der Tentakeln zum Mund geführt und verschlungen.

Neben den Durchschlagskapseln (Penetranten) gibt es noch weitere Cnidentypen: Wickelkapseln (Volventen) umwickeln die Beute, während die Klebekapseln (Glutinaten) der Fortbewegung mittels »Überschlag« dienen. Ein weiteres Merkmal des Süßwasserpolypen ist seine unglaubliche Regenerationsfähigkeit: Selbst aus einem winzigen Teil seines Körpers kann wieder ein kompletter Polyp heranwachsen.
Die Vermehrung erfolgt meist ungeschlechtlich als Knospung. Bei der geschlechtlichen Fortpflanzung entsteht aus der Eizelle, im Gegensatz zu vielen anderen Nesseltieren, die eine Medusengeneration haben, direkt wieder ein neuer Polyp.

Schnecken und Muscheln

Schnecken und Muscheln gehören zu den so genannten Weichtieren (Stamm Mollusca) und besitzen kein inneres Skelett. Viele Arten bilden charakteristische Gehäuse, in die der Körper zurückgezogen werden kann, bei den Schnecken das gewundene Schneckenhaus (das den Nacktschnecken fehlt), bei den Muscheln eine zweiklappige Schale.

Diese Spitzschlammschnecke hängt an der Wasseroberfläche; man sieht deutlich die Atemöffnung am Mündungsrand.

Manche große Wasserschnecken, etwa Spitzschlammschnecken, kommen gern an die Wasseroberfläche und kriechen kopfunter, mit der Fußsohle nach oben, am Oberflächenhäutchen entlang. Wenn Sie solche Tiere beobachten, können Sie erkennen, wie sie die dünne Schicht von Mikroorganismen, die sich dort bildet (man spricht von Kahmhaut), abweiden. Gut sichtbar ist auch, wie die Schnecken am Rand der Gehäusemündung ihr Atemloch öffnen, um Luft und damit Sauerstoff aufzunehmen. Fühlen sie sich gestört, stoßen sie einige kleine Luftblasen aus, schließen die Atemöffnung und lassen sich nach unten sinken.

Die meisten Schnecken des Süßwassers, z. B. die beiden großen Familien der Schlammschnecken (Lymnaeidae) und der Tellerschnecken (Planorbidae), gehören zu den Lungenschnecken, d. h. sie müssen zum Luftschöpfen an die Wasseroberfläche kommen. Vielfach, insbesondere bei kleinen Arten oder bei guter Sauerstoffsättigung des Wassers, ist aber die Hautatmung ausreichend – was generell im Winter unter einer Eisdecke wichtig ist. Die »Deckelschnecken« (es gibt eine ganze Reihe von Familien) besitzen einen Deckel, mit dem sie die Gehäuseöffnung verschließen können. Sie gehören zur Gruppe der Vorderkiemer und atmen mittels gefiederter Kiemen.
Auch Muscheln haben immer Kiemen.
Charakteristisch für Schnecken ist ihre Raspelzunge (Radula), eine mit vielen kleinen Zähnchen besetzte Chitinplatte, mit der sie Mikroorganismen von Pflanzen und Steinen abweiden oder abgestorbene und frische Pflanzenteile zerraspeln können. Die nicht sehr leistungsfähigen Augen der Wasserschnecken sitzen an der Basis der Fühler, nicht an der Spitze wie bei den Landlungenschnecken (die darüber hinaus 2 Fühlerpaare besitzen).
Nur die Lungenschnecken (und die kleineren Muschelarten Mitteleuropas) sind Zwitter, d.h. jedes Tier spendet und empfängt Samen. Deckelschnecken sind meist getrenntgeschlechtlich; bei den Sumpfdeckelschnecken kann man die Geschlechter sogar unterscheiden: Die Männchen haben einen als Begattungsorgan umgebildeten und deshalb keulenförmig verdickten rechten Fühler.

Spitzschlammschnecke
Lymnaea stagnalis

Diese Art mit ihrem großen, spitzen, bis 6 cm langen, hornfarbenen Gehäuse wird auch Spitzhornschnecke oder Große Schlammschnecke genannt. Sie bewohnt pflanzenreiche stehende und langsam fließende Gewässer und kommt auch in Gartenteichen häufig vor. Wie alle Schlammschnecken zeichnet sie sich durch breite dreieckige Fühler und einen gelblichgrauen Körper mit dunklen Punkten aus. Ihre Nahrung besteht vor allem aus abgestorbenen Pflanzenteilen und Aas, Algenbewuchs von im Wasser befindlichen Gegenständen, seltener frischem Pflanzengewebe. Die Begattung findet meist wechselseitig statt (Zwitter), seltener fungiert ein Tier als Männchen, das andere als Weibchen. Die Laichschnüre werden an Steine, Holz oder Pflanzenteile geklebt. Die jungen Schnecken schlüpfen nach etwa 2 Wochen und sind mit etwa 2 1/2 Monaten geschlechtsreif. Das Höchstalter liegt bei 3–4 Jahren.

Da Spitzschlammschnecken gerade in frisch angelegten Gartenteichen dazu neigen sich rasch zu vermehren (eine einzige Schnecke kann während ihres mehrjährigen Lebens bis zu 3000 Eier legen) und »alles anzufressen«, wird auch heute noch manchmal empfohlen sie zu bekämpfen. In einem mehrjährigen »eingewachsenen« Gewässer ist derlei sicherlich unnötig. Sowohl die Konkurrenz von anderen Schneckenarten als auch zahlreiche Teichbewohner, die vor allem den Laich und die Jungschnecken fressen (etwa Wasserkäfer, Amphibien, Fische), in besonderem Maße aber auch die verschiedensten Parasiten (z. B. Schneckenegel), werden dafür sorgen, dass keine Art dermaßen überhand nimmt, dass sie ernsthaften Schaden anrichtet.

Spitzschlammschnecken sind die größten heimischen Süßwasserschnecken.

Wenn Sie im Sommer einmal im Wasser liegende Blätter umdrehen oder Steine bzw. Zweige im Wasser untersuchen, können Sie vielleicht die manchmal über 60 mm langen, etwa 8 mm breiten, gelatineartig festen Laichballen der Spitzschlammschnecken finden. Schon mit bloßem Auge kann man die etwa 100 Eier darin erkennen, mit einer Lupe sogar die Embryonen, die sich darin entwickeln. Beim Schlüpfen haben die kleinen Schnecken bereits ein Gehäuse. Laichform, -größe und Zahl der Eier sind von Art zu Art verschieden. Tellerschnecken etwa legen runde Laichballen ab.

Die gallertig-festen Laichschnüre sind teilweise über 6 cm lang.

Das Gehäuse der Eiförmigen Schlammschnecke ist recht formvariabel.

Eiförmige Schlammschnecke
Radix ovata

Die Eiförmige ist die häufigste und anpassungsfähigste Schlammschnecke in Mitteleuropa. Sie besiedelt nahezu alle pflanzenreichen Still- und nicht zu schnellen Fließgewässer, ist wenig empfindlich gegenüber organischer Verschmutzung und höheren Salzgehalt. Die Art ist sehr formvariabel. Typisch ist die große ovale Mündung mit dem kleinen spitzen Gewinde darüber. Das hell hornfarbene Gehäuse ist dünnwandig, etwa 6–17 mm breit und 11–25 mm hoch. Hinsichtlich ihrer Ernährung und Biologie ähnelt diese Art der Spitzschlammschnecke. Beide können vorübergehendes Trockenfallen des Wohngewässers im Schlamm vergraben überstehen.
Es gibt mehrere Schlammschneckenarten, mit denen die Eiförmige leicht verwechselt werden kann. Selbst für Spezialisten ist die Unterscheidung wegen des Formenreichtums innerhalb der Arten nicht immer leicht. Insgesamt sind bei uns 13 Schlammschneckenarten bekannt.

Posthornschnecke
Planorbarius corneus

Die Posthornschnecke gehört zur Familie der Tellerschnecken, von denen es 19 Arten bei uns gibt, darunter einige eingeschleppte. Dennoch ist sie aufgrund ihres großen (bis 35 mm Durchmesser und 13 mm Dicke) und festwandigen Gehäuses leicht zu erkennen. Dieses ist wie bei allen Tellerschnecken spiralig in einer Ebene aufgerollt, dunkelbraun bis rötlich, auf einer Seite oft gelblich aufgehellt oder mit Olivschimmer. Wie alle Tellerschnecken hat die Posthornschnecke fadenförmige Fühler.
Das Blut ist durch den Blutfarbstoff Hämoglobin rot gefärbt, eine Besonderheit der Tellerschnecken, die bei der Posthornschnecke besonders ins Auge fällt. Es gibt sogar einen Stamm, bei dem die Tiere aufgrund fehlender anderer Pigmente (es handelt sich also eigentlich um Albinos) kräftig rot sind. Diese Formen werden gern von Aquarianern gehalten.

Posthornschnecken bewohnen tiefere Gewässerzonen.

Die Posthornschnecke ernährt sich von Algen und absterbenden Wasserpflanzen, verschmäht aber auch tote Wassertiere nicht. Sie hält sich meist am Grund von pflanzenreichen Gewässern auf, insbesondere Tümpeln und Gräben. Als typischer Bewohner der Tieflagen fehlt sie in den Mittelgebirgen. Die flach-ovalen, etwa 2 cm großen Laichballen enthalten 60–70 Eier. Im Winter graben sich die Schnecken im Gewässerboden ein. Sie werden 3–5 Jahre alt.

Gewöhnliche Tellerschnecke
Planorbis planorbis

Die Gewöhnliche oder Flache Tellerschnecke ist unsere häufigste Wasserschnecke. Es gibt kaum ein Stillgewässer, welches sie nicht zu erobern vermag; auch ein Gartenteich bietet ihr gute Lebensbedingungen. Die Tiere ernähren sich überwiegend von Algen und abgestorbenen Pflanzenteilen. Die tellerförmigen Laichballen von 6–8 mm Größe werden auf Steine und Pflanzenteile geklebt und enthalten 20–30 Eier. Nach etwa 2 Wochen schlüpfen die Jungschnecken, die 2–3 Jahre alt werden.
Das Gehäuse der Flachen Tellerschnecke ist hornfarben bis rötlich und wird 12–17 mm groß und etwa 3 mm dick. Charakteristisch ist ein fadenförmig abgesetzter, nicht mittig um die Gehäusekante verlaufender Kiel. Daran und an der Größe ist die Art leicht zu erkennen. Die anderen Tellerschnecken sind kleiner. Ebenfalls recht häufig sind die **Weißmündige Tellerschnecke** *(Anisus leucostomus)* von etwa 7 mm Größe, deren stumpfkantige Umgänge sehr langsam an Größe zunehmen, sowie das etwa 6 mm messende **Weiße Posthörnchen** *(Gyraulus albus)* mit rasch an Größe zunehmenden Windungen und zerbrechlichem weißlichgrauen Gehäuse

Die Gewöhnliche Tellerschnecke ist überall häufig.

mit feiner Gitterstruktur der Oberfläche. Gehäusefärbung und -struktur bei Wasserschnecken sind allerdings oft nicht erkennbar, da sich auf der Oberfläche ein dunkler Belag bildet.

Sumpfdeckelschnecke
Viviparus contectus

Diese Art kann man an ihrem großen, bis 4 cm hohen, rundlich-kegelförmigen, grünlichbraunen Gehäuse mit den charakteristischen rotbraunen Bändern und der deutlichen Spitze leicht erkennen. Sie lebt in pflanzenreichen Weihern und Sümpfen – meist am Gewässerboden – und ernährt sich von fest sitzenden Mikroorganismen (Aufwuchs), die sie von Gegenständen im Wasser abraspelt, von pflanzlichen und tierischen Partikeln im Schlamm (Detritus) oder von Planktonorganismen, die sie aus dem Wasser herbeistrudelt.
Sumpfdeckelschnecken sind getrenntgeschlechtlich (vgl. S. 100). Nach der Begattung werden die Eier nicht abgelegt, sondern die Embryonen entwickeln sich im Mutterleib. Die

Ein typisches Merkmal der Vorderkiemerschnecken ist der Deckel, mit dem sie ihre Gehäusemündung fest verschließen können. Diese besitzt daher rundherum einen deutlichen Abschlusssaum (also anders als die aquatischen Lungenschnecken auch am inneren Mündungsrand), in den der Deckel ganz exakt eingepasst werden kann. An diesem geschlossenen Mundsaum kann man das Gehäuse einer Deckelschnecke von dem einer Lungenschnecke unterscheiden. Eine Deckelschnecke, die herumkriecht, trägt den Deckel hinten auf ihrem Fuß; er ist dort festgewachsen und zeigt konzentrische Wachstumsringe.

Supfdeckelschnecken: Beim rechten Tier erkennt man gut den Deckel.

jungen Schnecken werden mit einem Gehäuse von 5–8 mm Größe (das einen auffälligen Borstensaum besitzt) einzeln aus dem Uterus entlassen (lebendgebärend). Vielfach überwintern die fertig ausgebildeten Jungschnecken aber auch im Mutterleib.

Sumpfdeckelschnecken können ihr Gehäuse mit einem Horndeckel verschließen und im oder auf dem Boden ein Austrocknen ihres Wohngewässers überdauern. Die Bestände der Art sind rückläufig; sie gilt gemäß der Roten Liste Deutschlands als gefährdet.

Schleischnecken besitzen fadenförmige Fühler und einen schnauzenförmig verlängerten Kopf.

Schleischnecke
Bithynia tentaculata

Die Schleischnecke besitzt ein spitz-konisches Gehäuse von 10–11 mm Höhe und kann mit ihrem festen, spitz-ovalen Deckel die Gehäusemündung verschließen. Ihr Kopf ist in eine rüsselartige Schnauze verlängert (anderer Name: Gewöhnliche Schnauzenschnecke). Sie ist ein typischer Ubiquist. Darunter versteht man Arten, die nicht an einen bestimmten Lebensraum angepasst sind, sondern in zahlreichen Biotopen vorkommen können. Die Schleischnecke bewohnt Weiher, Seen, Gräben, Bäche und Flüsse gleichermaßen. Sie ist äußerst tolerant gegenüber organischer Verschmutzung und hohem Salzgehalt.

Schleischnecken fressen Detritus, das sind abgestorbene Teile von Pflanzen und Tieren, die sie am Boden aufsammeln, können aber auch Planktonorganismen herbeistrudeln. Da es oft zu regelrechten Massenvermehrungen der Schnecke kommt, ist sie eine wichtige Nahrung für Fische; daher der Name Schleischnecke (nach der Schleie). Die Weibchen heften meist im Frühjahr Laichschnüre mit 10–70 Eiern an verschiedene Substrate. Nach 2–3 Wochen schlüpfen die Jungen, die 2–3 Jahre alt werden können.

Malermuschel
Unio pictorum

Diese Art soll ihren Namen daher haben, dass früher ihre Schalen als Farbnäpfchen verwendet wurden. Sie hat bis 9 cm lange gelbolive Schalen und kommt in Seen und größeren Teichen vor, wo sie sich mit ihrem beilförmigen Fuß so weit in den sandigen oder schlammigen Untergrund eingräbt, dass nur die spitze hintere Körperhälfte ins Wasser ragt (die Muschel auf dem Foto wurde herausgezogen). Dort befinden sich Einström- und Ausströmöffnung: Die Kiemen erzeugen einen Wasserstrom, durch den Sauerstoff und winzige Schwebeorganismen (Plankton) zur Atmung beziehungsweise Ernährung herangeführt werden.
Interessant ist die Fortpflanzung (die meisten Tiere sind Zwitter): Etwa 300 000–400 000 befruchtete Eier entwickeln sich im Kiemenraum in 4–6 Wochen zu winzigen Larven (Glochidien), die mit dem Atemwasser ausgestoßen werden und zu Boden sinken. Wenn ein Fisch nah genug vorbeistreift, schlagen sie die Haken an ihrem Schalenrand in dessen Kiemen. Dort werden sie vom Gewebe überwuchert und leben parasitisch, bis sie sich nach 3–11 Wochen zu einer kleinen Muschel entwickelt haben. Dann lösen sie sich aus dem Gewebe und führen ab jetzt das strudelnde Bodenleben einer Muschel. Bemerkenswert ist, dass auch ein Fisch, der Bitterling, Muscheln für die Entwicklung seiner Eier benötigt (vgl. S. 38). Malermuscheln sind mit 3–4 Jahren geschlechtsreif und erreichen ein Höchstalter von 7–10 Jahren.

Muscheln kommen eher selten in einem Gartenteich vor, werden aber manchmal mit Wasserpflanzen eingeschleppt. Großmuscheln gibt es teilweise im Handel. Neben der Malermuschel zählt hierzu die **Gewöhnliche Teichmuschel** *(Anodonta cygnaea)* mit ihrer deutlich größeren (bis 20 cm lang), weniger gewölbten, dünnen und zerbrechlichen Schale. Daneben gibt es zahlreiche kleine Muschelarten, insbesondere die rundlichen, nur wenige Millimeter großen **Erbsenmuscheln** (Gattung *Pisidium*), die in einem Gartenteich vorkommen könnten.

Normalerweise stecken Malermuscheln mit Ausnahme des spitzeren hinteren Schalendrittels (auf dem Foto stärker veralgt) senkrecht im Sediment.

Gartenteiche sind besonders im Sommer eine wichtige Vogeltränke – auf dem Foto ein Stieglitz, auch Distelfink genannt.

Gäste am Gartenteich

Die häufigsten Gäste am Gartenteich sind sicherlich die Vögel. Vögel lieben Gartenteiche, denn besonders im Sommer, wenn Wasser Mangelware ist, dient er ihnen nicht nur als Tränke, sondern auch als geeignete Badestelle. Aber auch im Winter kann man manchmal Amseln beim Bad beobachten. Am besten ist es, man plant bei der Anlage des Teiches eine Vogel-Badestelle gleich mit ein. Dazu sollte an einer Stelle im Teich der Übergang zwischen Wasser und Land sehr sanft sein. Es ist wichtig, dass an diesen flachen Teichabschnitt eine Gartenfläche mit niedriger Bepflanzung angrenzt, denn die Vögel fühlen sich nur dann beim Baden sicher, wenn sie ausreichend freie Sicht haben, um herannahende Feinde, wie z. B. Katzen, rechtzeitig entdecken zu können.
An einer solchen Wasserstelle lassen sich im Laufe des Jahres zahlreiche Kleinvogelarten wie Amseln, Sperlinge, Finken oder auch Bachstelzen beim Baden und Planschen beobachten. Anschließend lassen sie sich zum Trocknen und Putzen auf einem Stein oder Strauch in der Nähe nieder.
Rauch- und Mehlschwalben schätzen besonders den Insektenreichtum, den der Gartenteich ihnen bietet, und sind oft auch in größerer Stückzahl bei der Nahrungsjagd über der Wasserfläche zu beobachten. Für die Mehlschwalben bietet der Gartenteich noch einen weiteren Vorteil: Hier finden sie (hoffentlich!) den so dringend zum Nestbau benötigten Lehm, der bei uns so selten geworden ist, seit Plätze, Straßen und Wege gepflastert, betoniert oder geteert worden sind.
Der unter Naturschutz stehende Graureiher dagegen ist ein eher ungebetener Gast am Garten- oder Fischteich, da er bekanntermaßen schon so manchen Teich leergefressen hat.

Amsel
Turdus merula

Bei der Amsel ist das Federkleid nach Geschlecht verschieden: Das Männchen ist pechschwarz mit gelbem Schnabel, während das Weibchen dunkelbraun gefärbt ist und einen braunen Schnabel hat. Die Amsel war ursprünglich ein Waldbewohner, heute findet man sie vorwiegend in Parks, Gärten und auch mitten in der Stadt. Sie gehört zu den häufigsten Brutvögeln Mitteleuropas.
Die Amsel ernährt sich von Würmern, Insekten und Früchten. Der wohlklingende Gesang besteht aus melodischen Flötentönen und wird vor allem in den

Abendstunden vorgetragen. Sie singt gerne von exponierten Stellen wie Baumwipfeln oder Dachfirsten, sodass ihr Gesang weit zu hören ist. Die Gesänge der Amseln sind oft so unterschiedlich, dass es dem Experten ohne weiteres möglich ist, einzelne Amseln an ihrem Gesang zu identifizieren. Ihr Nest errichten Amseln auf Bäumen, in Gebüschen und an Gebäuden. Als Teilzieher wandert ein Teil im Winter in südliche Gefilde, während andere Vögel in unseren Breiten überwintern.

Flachwasserbereiche stellen für viele Vogelarten beliebte Badestellen dar. Hier badet gerade ein Amselmännchen.

Mehlschwalbe
Delichon urbica

Die Mehlschwalbe ist deutlich kleiner als die verwandte Rauchschwalbe. Die Oberseite ist blauschwarz, Bürzel und Unterseite sind weiß. Der Schwanz ist – anders als bei der Rauchschwalbe – nur schwach gegabelt. Die ursprüngliche Felsenbewohnerin lebt heute als Kulturfolger in der unmittelbaren Nähe des Menschen. Mehlschwalben sind in ihrer Ernährung fast vollständig auf Fluginsekten angewiesen. Meist sieht man die geschickten Flieger bei der gemeinsamen Jagd über Gewässern und offenen Landschaften. Ihre halbkugeligen Nester aus Lehm und wenigen Halmen kleben sie mit ihrem Speichel an die Außenwände von Häusern, unter Dachrinnen und Hausvorsprünge – und zwar so, dass oben gerade noch ein kleines Einflugloch frei bleibt. Gerne werden von ihnen auch Kunstnester angenommen, jedoch meist erst nach einigen Jahren. Oft werden Kolonien

Mehlschwalben holen sich den zum Bau ihrer Nester benötigten Lehm oft aus Gartenteichen.

aus 20–30 Nestern gebildet. Die Art überwintert als Langstreckenzieher im südlichen Afrika. Im April kehren die Schwalben nach Mitteleuropa zurück. Brutzeit ist ab Mai, meist gibt es 2 Jahresbruten. Der Bestand der Mehlschwalbe ist rückläufig, da es in unseren asphaltierten Landschaften nicht mehr genügend Lehmpfützen zum Nestbau gibt.

Bachstelze
Motacilla alba

Im Brutkleid des Männchens der etwa sperlingsgroßen Bachstelze sind Kopf, Brust, Kehle und Nacken schwarz, Bauch und Wangen weiß und der Rücken grau gefärbt. Der Hinterkopf des Weibchens ist dagegen eher grau. Die Jungvögel sind bräunlich gefärbt. Die Bachstelze lebt im offenen Gelände und wird, wie ihr Name sagt, häufig entlang von Bächen und Flüssen, aber auch an stehenden Gewässern angetroffen. Auffällig sind ihre schnellen Trippelschritte, das charakteristische Schwanzwippen und der wellenförmige Flug. Als Nahrung bevorzugt sie hauptsächlich Insekten.
Aufgrund der vielen Insekten im Siedlungsbereich hat sich die Bachstelze als Kulturfolger eng an den Menschen angeschlossen. Bachstelzen bilden manchmal große Schlafgemeinschaften, die im Schilf, aber auch auf den Bäumen verkehrsreicher Straßen anzutreffen sind. Die Bachstelze ist ein Halbhöhlenbrüter und legt ihr Nest an Gebäuden aller Art an. Bachstelzen verteidigen ihr Nest äußerst aggressiv.

Stockente
Anas platyrhynchos

Die Stockente ist die mit Abstand häufigste heimische Entenart.

Stockentenerpel im prächtigen Hochzeitskleid.

Sie ist eine typische Bewohnerin der Uferzonen und die Stammform der Hausente, mit der sie sich auch paaren kann. Stockenten kann man das ganze Jahr beobachten. Es sind so genannte »Standvögel«, die auch den Winter über bei uns bleiben. Oft erhalten sie sogar noch Zuzug von Brutvögeln aus nördlicheren Gefilden. Die Erpel mit ihrem grün schillernden Gefieder fallen schneller auf als die unscheinbar braunen Weibchen. Stockenten ernähren sich überwiegend von pflanzlicher Nahrung, aber auch von Kleintieren, Brot und Abfällen. Im Herbst beginnt die Balz der Enten mit der so genannten »Verlobung«, einem Ablauf komplizierter Verhaltensmuster. Zur eigentlichen Kopulation kommt es jedoch erst im nächsten Frühjahr. Die Nester mit 7–11 Eiern finden sich am Boden, selten auch auf Bäumen. Nach rund 1 Monat schlüpfen die Jungen, die sofort nach dem Schlüpfen schwimmen können und mit 8 Wochen bereits voll flugfähig sind.
Auch Stockenten finden sich öfter an größeren Gartenteichen

von 30 m² und mehr ein. Als Besucher sind die Enten willkommen. Bei einem längeren Aufenthalt ist jedoch Vorsicht geboten, denn durch den mineralstoffreichen Kot der Enten kann es schnell zu einer Überdüngung des Teiches kommen, die zu Faulschlammbildung und letztendlich zum »Umkippen« des Gewässers führen würde. Als Lebensraum für Amphibien, Fische und Wasserinsekten ist ein solcher Teich dann natürlich nicht mehr geeignet.

Graureiher
Ardea cinerea

Mit einer Länge von 90 cm und einer Flügelspannweite von 170 cm gehört der Grau- oder Fischreiher zu unseren größten Vögeln. Kennzeichnend sind sein graublaues Gefieder (Name!) und der gelbe Schnabel. Der am weitesten verbreitete Reiher Mitteleuropas ist an Gewässern aller Art und auf naturnahen Wiesen, aber auch in den Städten immer häufiger anzutreffen. Hier nutzt er das gute Nahrungsangebot in den fischreichen Seen und Teichen der Parks. Er ist aber mittlerweile auch häufig ein ungebetener Gast am Gartenteich geworden. Neben seiner Hauptnahrung Fisch erbeutet der Reiher aber auch Mäuse, Amphibien und Insekten.
An Gewässerufern sieht man den Graureiher oft völlig reglos im flachen Wasser stehen und auf Beutetiere an der Wasseroberfläche lauern, um dann plötzlich blitzschnell mit seinem spitzen Schnabel zuzustoßen. Das Beutetier wird komplett verschlungen. Sein Nest baut der Graureiher bevorzugt in Kolonien auf hohen Bäumen. Das Gelege besteht aus 4–5 Eiern. Konsequente Schutzmaßnahmen haben in den letzten Jahren zu einer Erholung der Populationen geführt, sodass Fischzüchter und Teichbesitzer bereits wieder eine Regulierung der Bestände fordern.

Der Graureiher ist besonders an Fischteichen ein nicht so gerne gesehener Gast.

Wie schütze ich meinen Fischteich vor diebischen Fischreihern, die ja in Deutschland unter Naturschutz stehen? Zur Abschreckung können z. B. Kunststoffreiher aufgestellt werden, die der Reiher für Artgenossen hält und weiter zieht. Im Fachhandel wird auch der so genannte »Reiherschreck« angeboten: Ein roter Plastikfisch wird am Teichboden verankert. Will der Reiher ihn aus dem Wasser ziehen, geht er leer aus und meidet den Teich bei seinem nächsten Beutezug. Gute Erfahrungen wurden auch mit japanischen Wasserspielen (Bambusschaukeln) gemacht, deren Klang den Fischräuber abschreckt. Als radikalste und letzte Möglichkeit kann man aber auch ein Netz über den Teich spannen.
Am Morgen entdeckt man Reiher manchmal beim Sonnenbaden. Dazu breiten sie ihre Flügel weit aus, damit eine möglichst große Fläche von der Sonne beschienen werden kann. In der gleichen Haltung beschatten die Altvögel auch die Nestlinge.

Jahreszeiten am Gartenteich

Die Jahreszeiten sind der beherrschende Taktgeber für alle Lebewesen der nicht tropischen Breiten. In diesem Kapitel geht es weniger um das individuelle Empfinden der Jahreszeiten durch den Menschen, sondern vielmehr darum, wie sich die Lebewesen daran angepasst haben und wann der richtige Zeitpunkt für wichtige Tätigkeiten am Gartenteich jeweils gekommen ist.

Natürlich haben die Jahreszeiten auch auf Menschen einen nicht zu leugnenden Einfluss. Heute betrifft er vor allem die psychisch-emotionale Ebene, wir empfinden sie als angenehme Abwechslung. Manch einer ist ausgesprochener »Sommer-Typ« und fühlt sich zu dieser Zeit am wohlsten, andere lieben den Herbst mit seinen kräftigen warmen Farben usw. Früher waren die Auswirkungen der Jahreszeiten für das Leben der Menschen existenziell. Eine Missernte oder eine strenge lange Kälteperiode konnten lebensbedrohend sein. Nicht minder bestimmend wirken die Jahreszeiten auf das Leben von Pflanzen und Tieren. Die Arten versuchen sich möglichst optimal in ihrem Lebenszyklus auf die periodisch sich ändernden Bedingungen einzustellen.

◀ Fische können den Winter im Gartenteich überdauern, wenn er mindestens an einer Stelle 80–100 cm tief ist.

Da die Witterung in jedem Jahr etwas anders ist, gibt es mal ein gutes »Pilzjahr«, mal eine gute Getreideernte. Da jede Art andere Anpassungen zeigt (z.B. an große Nässe), sind so genannte »Katastrophen« immer nur für bestimmte Arten verhängnisvoll – andere werden davon profitieren. Das ist ein Grundgesetz des Lebens.
Dass sich die Pflanzen in ganz unterschiedlicher Weise an den Jahreslauf angepasst haben ist offensichtlich. Jeder weiß, dass die Schneeglöckchen und Buschwindröschen im Frühling blühen, andere Arten im Sommer und manche wie Efeu und Herbstzeitlose im Herbst. Wasserpflanzen blühen übrigens im Allgemeinen recht spät. Das liegt daran, dass sich Wasser im Frühjahr langsamer erwärmt als eine entsprechende Landfläche.
So wie Pflanzen ihre Blütezeiten haben, besitzen aber auch Tiere bestimmte Aktivitätszeiten. Bekannt ist sicher die Krötenwanderung im zeitigen Frühjahr zu den Laichplätzen. Wenn Arten verschiedene Entwicklungsstadien haben, trifft man diese oft nur zu ganz bestimmten Jahreszeiten. Bei den einzelnen Tieren haben wir darauf hingewiesen. Die Hufeisen-Azurjungfer fliegt beispielsweise im Juni/Juli, die Gewöhnliche Heidelibelle erst im August/September. Rückenschwimmer und viele andere Wasserinsekten werden Sie im Juni/Juli kaum entdecken. Die

Mit dem Auftreten von verschiedenen Lebensstadien im Laufe des Jahres beschäftigt sich die so genannte Phänologie. Über mehrere Jahre wird jeweils der Beginn der Apfelblüte, die Ankunft der Mehlschwalben, der Austrieb der Kastanie, die Reife der Vogelbeeren oder der Beginn der herbstlichen Verfärbung des Spitzahorns an verschiedenen Orten notiert. Daraus ergibt sich ein Mittelwert, anhand dessen man dann feststellen kann, ob das aktuelle Jahr ein im Vergleich frühes oder spätes ist. Machen Sie doch ihre eigenen phänologischen Aufzeichnungen für Ihren Garten. Notieren Sie das erste Auftreten der Wasserläufer auf dem Teich, den Beginn der Blüte der Sumpfschwertlilie, die ersten ausgewachsenen Rückenschwimmer im Spätsommer usw.

überwinternden Tiere haben im Frühjahr Eier gelegt und sind dann gestorben. Erst wenn im Herbst die neue Generation ausgewachsen ist, sieht man die Vollinsekten wieder zahlreich. Auf die jahreszeitlichen Veränderungen am Gartenteich sollten auch die Pflegemaßnahmen abgestimmt sein. Die folgenden Abschnitte geben dafür Anregungen. Dabei geht es weniger um die technisch-gestalterischen Aspekte (darüber gibt es bereits zahlreiche gute Veröffentlichungen), sondern es stehen biologische und ökologische Zusammenhänge im Mittelpunkt.

Der Einfluss der Jahreszeiten auf die Teichbewohner

Ein Leben in Abhängigkeit von den Jahreszeiten setzt voraus, dass das einzelne Individuum genau weiß, wann die jeweils richtige Zeit gekommen ist. Woher weiß eine Libellenlarve, die womöglich mehrere Jahre im Wasser verbracht hat, ob gerade Juni oder August ist? Als Hufeisen-Azurjungfer findet sie nämlich im Juni Geschlechtspartner zur Fortpflanzung, im August aber kaum noch (aber zu diesem Zeitpunkt schlüpfen die Gewöhnlichen Heidelibellen). Für Tiere mit kurzer Lebenserwartung gilt: Erscheinen alle Individuen in einem kurzen Zeitintervall, ist die Individuendichte höher und damit die Wahrscheinlichkeit für eine erfolgreiche Fortpflanzung größer, als wenn die Vollinsekten über das ganze Jahr verteilt schlüpfen. Synchronisiertes Verhalten ist für solche Arten also überlebenswichtig.
Die wichtigsten Taktgeber für biologische Prozesse in den gemäßigten Breiten sind die Temperatur und Tageslänge. Eine geringere Rolle spielen Nahrungsangebot, Feuchtigkeit oder endogene Faktoren. Im letztgenannten Fall läuft sozusagen eine innere Uhr, die nach einer bestimmten Zeit ein Signal gibt. Meist sind allerdings verschiedene Faktoren verknüpft.
Im Allgemeinen gilt, dass bei höherer Temperatur die Aktivität höher bzw. die Entwicklung schneller ist; die Puppenruhe des Gelbrandkäfers dauert z. B. bei 25 °C etwa 2 Wochen, bei 10 °C etwa 3 Monate und unter 4 °C stoppt die Entwicklung (bis es wieder wärmer wird). Diese Verlangsamung der Lebensprozesse ist auch der Hauptgrund für die Winterruhe der wechselwarmen Tiere, nicht das Nahrungsangebot. (Wasserschnecken unter dem Eis fänden auch im Winter genügend pflanzliche Stoffe, um sich zu ernähren.)
Wesentlich für den Beginn oder das Ende der Winterruhe ist meist die Tageslänge. Auslösend ist ein Schwellenwert (z. B. weniger als 10 Stunden Tageslicht), manchmal – etwa bei den Wasserläufern – aber auch die Geschwindigkeit der Änderung. Ist dadurch z. B. die Winterruhe eingeleitet, können andere Faktoren wie etwa ein sehr warmer November diesen Zustand nicht mehr aufheben. In den Grenzbereichen (um die Zeit des Eintretens) haben weitere Faktoren dagegen einen größeren Einfluss.
Jeder weiß, dass die Tageslänge in verschiedenen geografischen Breiten unterschiedlich ist, jenseits des nördlichen Wendekreises geht die »Mitternachtssonne« gar nicht mehr unter. Daran haben sich die Arten in unterschiedlichen Breiten natürlich angepasst. Das heißt Populationen derselben Art reagieren in München auf eine andere absolute Tageslänge als in Hamburg (im Juni, zur Zeit des größten Unterschieds, ist ein Tag in Hamburg 2 Stunden länger als in München). Das ist auch der Grund, weshalb man Populationen einer Art nicht in gänzlich

andere geografische Regionen umsiedeln sollte.
Der Lebensrhythmus einer Art ist also harmonisch in den Lauf der Jahreszeiten an ihrem Wohnort angepasst. Wann eine Art ihre Fortpflanzungszeit hat, wann die Larven schlüpfen und wie sie überwintert ist genetisch festgelegt, die Feinabstimmung übernehmen äußere Faktoren. Bemerkenswert ist die hohe Flexibilität. Dies bezieht sich zum einen darauf, dass es keine »Einheitslösung« gibt, etwa Eiablage im Frühling, Larvalentwicklung im Sommer, Vollinsekten im Herbst. Jede Art hat vielmehr ihren eigenen ganz individuellen Rhythmus entwickelt. Entsprechend können ganz unterschiedliche Entwicklungsstadien überwintern (vgl. S. 122/123).
Zum anderen ist aber auch die Flexibilität innerhalb einer Art sehr unterschiedlich. Es gibt Arten, da kann man geradezu die Jahreszeiten-Uhr danach stellen, wenn ein bestimmtes Entwicklungsstadium auftritt. Die Eiablage der Erdkröte ist z. B. immer in den ersten »warmen« Nächten im Februar/März. (Das sind die Arten, die bei den phänologischen Aufzeichnungen sehr einheitliche Ergebnisse liefern.) Andere Arten dagegen scheinen sich an keine starren Vorgaben zu halten. Stechmücken legen das ganze Jahr über Eier und die Larven entwickeln sich – es muss nur warm genug sein. Damit verfolgen die Stechmücken eine ganz andere Fortpflanzungsstrategie als die oben erwähnten Libellen oder die Eintagsfliegen, deren Fortpflanzungs- und Eiablageverhalten synchronisiert verläuft. Stechmücken sind Opportunisten, das ganze Jahr präsent, um jede Chance zu nutzen, bei günstigen Bedingungen (Wärme, geeignete Eiablageplätze) in kurzer Zeit große Populationen aufzubauen.

Die Entwicklung der Amphibien richtet sich streng nach den Jahreszeiten. Grasfrösche wandern oft schon ab Ende Februar zu den Laichgewässern und legen dort ihre auf dem Wasser schwimmenden Laichballen ab.

Pflegemaßnahmen im Frühling

In der Natur herrscht im Frühling Aufbruchstimmung. Es vollzieht sich ein Wandel vom winterlichen Ruhestadium in die Aktivitäts-, Wachstums- und Fortpflanzungsphase der jetzt beginnenden neuen Vegetationsperiode. Ausgelöst wird dieser Wandel von den steigenden Temperaturen und der zunehmenden Tageslänge. Den allseits offensichtlichen Aufbruch in der Natur sollten auch wir zum Anlass nehmen, einige Arbeiten am und im Gartenteich vorzunehmen, bevor dort die Lebensprozesse wieder so richtig in Schwung kommen.

Zuerst entfernt man die Netze, die den Laubeintrag im Herbst verhindert haben, damit die jetzt zunehmend aktivere Vogelwelt sich nicht darin verfängt und zu Schaden kommt. Auch die Belüftung kann jetzt abgestellt und nach den letzten Frosttagen auch der Eisfreihalter von der Wasseroberfläche entfernt werden (vgl. hierzu auch das Kapitel »Pflegemaßnahmen im Winter«). Bei den restlichen Arbeiten geht man am besten Schritt um Schritt vor.

Zunächst befreit man den Gartenteich von eingetragenem Laub und abgestorbenen Pflanzenteilen, damit die Wasserqualität nicht negativ beeinflusst wird und man eine bessere Sicht auf die Dinge erhält. Im Frühjahr muss man allerdings bei diesen Arbeiten sehr behutsam vorgehen, damit man nicht austreibende Pflanzen beschädigt oder gar die aus der Winterruhe erwachten Tiere schädigt bzw. mit dem abgestorbenen Pflanzenmaterial entfernt. Mitte bis Ende März – nach dem Ablaichen der Grasfrösche – können dann auch die Blätter und Stängel der Sumpfpflanzen geschnitten werden. Bis dahin sind die in diesen Pflanzenteilen überwinternden Insekten ausgeflogen und die Larven aus den im Jahr zuvor abgelegten Eiern geschlüpft. Vorzugsweise schneidet man

Bevor das Leben im Gartenteich so richtig in Schwung kommt, sollten im Frühling die wichtigsten Pflegemaßnahmen am und im Gartenteich durchgeführt werden.

Mit einer Leiter oder einem Brett kann die Pflege kleinerer Teiche vorgenommen werden.

diese Pflanzen unterhalb der Wasseroberfläche ab, um möglichst wenig verrottendes Pflanzenmaterial im Teich zu belassen. Sind diese Arbeiten abgeschlossen, kontrolliert man den Wasserstand sowie die Wasserwerte und füllt gegebenenfalls Wasser nach. Bei einer schlechten Wasserqualität wird ein Teilwasserwechsel durchgeführt. Hierbei sollte man auf ungereinigtes Regenwasser verzichten, da dieses durch Luftschadstoffe erheblich belastet sein kann. Ein stark zurückgegangener Wasserstand kann auch auf Undichtigkeiten unseres Gartenteichs zurückzuführen sein. Bestätigen sich Undichtigkeiten, sind Kiesschüttungen oder Steinpackungen am Rand oder im Teich verrutscht oder gar abgesackt, dann gilt es diese Schäden des Winters jetzt zu beheben. Dies gilt auch für größere Umbau- oder Erweiterungsarbeiten am Gartenteich. Zwar erwachen jetzt viele Tiere, die im Teich oder in dessen Nähe überwintert haben aus der Winterruhe, aber im Sommer soll der Teich in Ruhe gelassen werden.

Ist die technische Seite geregelt, kann ab Anfang April mit einem Nachpflanzen von Ufer- und Wasserpflanzen begonnen werden. Zu diesem Zeitpunkt können auch die frostempfindlichen und an einem kühlen Ort überwinterten Wasserpflanzen zurück in den Teich gesetzt werden. Auch die in tiefere Bereiche des Gartenteichs abgesenkten Körbe mit Wasserpflanzen stellt man jetzt an ihren alten Standort zurück. Abschließend ist der gegebenenfalls zur Wasserreinigung eingesetzte Teichfilter einer Reinigung zu unterziehen und je nach Bedarf mit neuem Filtermaterial auszustatten. Zudem müssen die Zu- und Ableitungen auf ihre Funktionsfähigkeit geprüft werden.

Hat man Tiere wie Fische oder Schildkröten im Aquarium bzw. Terrarium überwintert, dürfen diese nicht zu früh in den Gartenteich zurückgesetzt werden. Einerseits ist es im Frühjahr mit der Nahrung noch nicht so üppig bestellt, andererseits können bei erneuten Kälteeinbrüchen die Tiere Schaden nehmen.

Fische dürfen erst ab einer Wassertemperatur von 15 °C in den Teich überführt werden. Für Schildkröten sollte die Wassertemperatur bei den robusteren Arten wenigstens 18 °C und bei den empfindlichen Arten wenigstens 20 °C betragen. Dabei ist ein langsames Angleichen der Aquarienwassertemperatur durch Zugabe von Teichwasser vorzunehmen.

Im Sommer befindet sich das Teichleben auf seinem Höhepunkt.

Pflegemaßnahmen im Sommer

Der Sommer ist die Zeit der größten Pracht und Vielfalt, der Fortpflanzung und des Heranwachsens von vielen Tier- und Pflanzenarten in unserem Gartenteich. Deshalb sollten sich Pflegemaßnahmen auf ein Minimum beschränken, um nicht diese Vielfalt zu beeinträchtigen oder gar zu zerstören. Kleinere Pflegearbeiten sind am und im Gartenteich während des ganzen Sommers nicht nur möglich, sondern auch hilfreich. Keinesfalls sollte man größere Pflanz- und Umbauaktionen im Sommer vornehmen oder gar Schlammablagerungen entfernen. Dies würde einen zu starken Eingriff in das ökologische Gefüge unseres Gartenteiches mit sich bringen. Der Teich kann »kippen«, wenn beispielsweise stark Sauerstoff zehrende Stoffe aufgewirbelt werden.

Es könnte jedoch nötig sein, zu üppig wuchernde Schwimm- und Unterwasserpflanzen zu reduzieren. So lassen bespielsweise geschlossene Wasserlinsen-, See- und Teichrosenblattdecken keinen Lichtstrahl in unseren Teich. Die Folge ist, dass sich Unterwasserpflanzen und sonstiges Unterwasserleben nicht entwickeln können oder stark beeinträchtigt werden. Hier kann eine vorsichtige Entnahme von Pflanzenteilen nötig werden. Bei der Entnahme von überschüssigem Pflanzenmaterial muss sehr behutsam vorgegangen werden. Wasserlinsen kann man mit einem Rechen oder noch einfacher mit einem Brett zusammenschieben und dann mit

Bei der Entnahme oder Auslichtung von Wasserpflanzen empfiehlt es sich in Etappen vorzugehen, um den Wasserchemismus nicht aus dem Gleichgewicht zu bringen. Darüber hinaus erhält diese Vorgehensweise auch die lebensnotwendigen Unterstände, Verstecke, Eiablageorte, Kinderstuben und Nahrungsplätze für eine Vielzahl von Tierarten.

einem Kescher aus dem Wasser schöpfen. Bei Entnahme von Fadenalgen besteht die Gefahr, dass man mit diesen auch andere Pflanzen, die man gern im Gartenteich belassen möchte, aus dem Wasser zieht. Am besten verwendet man einen rauen Stock, um den man unter langsamem Drehen die Algenfäden wickelt. Danach können sie vorsichtig aus dem Wasser gehoben und vom Stock abgestreift werden. Auch ein Kescher kann hierfür gegebenenfalls gute Dienste leisten.

Darüber hinaus sollte man vergilbte oder gar verfaulende Blätter oder sonstige Pflanzenteile regelmäßig entfernen, um eine Sauerstoffzehrung und Nährstoffbelastung durch verrottendes Pflanzenmaterial im Gartenteich zu verhindern. Hervorragend eignet sich hierzu eine aus der Baumpflege bekannte Zweigschere an einem langen Stiel für die weniger zugänglichen oder entfernter liegenden Bereiche. Das entnommene Pflanzenmaterial legt man zunächst für einige Tage am Rand des Gartenteichs ab. So haben Kleintiere, die versehentlich mit aus dem Wasser gezogen wurden, die Möglichkeit dorthin zurückzukehren. Danach muss das abgelagerte Pflanzenmaterial vom Teichrand entfernt werden, sonst würden die beim Verrotten freigesetzten Nährstoffe wieder in den Teich geschwemmt. Am besten bringt man die pflanzlichen Überreste auf den Komposthaufen.

In der heißen Jahreszeit gilt es die durch Verdunstung eingetretenen Wasserverluste – die erheblich sein können – auszugleichen. Einerseits wird dadurch der Lebensraum für Tiere und Pflanzen nicht eingeengt, andererseits kann verhindert werden, dass die u. a. von Insekten, Fischen und Amphibien abgelegten Eier trockenfallen.

Neben der Kontrolle des Sauerstoffgehalts ist es von Nutzen, mit einem der käuflichen Messsätze den Stickstoff- bzw. den Nitratgehalt des Wassers zu bestimmen. Da diese Verbindungen die wichtigsten Nährstoffe sind, kann man schon aus dem Messergebnis erkennen, ob eine Nährstoffanreicherung des Teichwassers stattgefunden hat (vgl. S. 24–27).

An heißen Tagen ist es ratsam, den Sauerstoffgehalt des Wassers zu überprüfen, um Verluste vor allem bei Fischen zu vermeiden. Hierfür bietet der Fachhandel leicht handhabbare Sauerstoffbestimmungssätze an. Bei kritischen Sauerstoffwerten, die vor allem nachts auftreten können, muss das Wasser mittels eines Teichbelüfters mit Sauerstoff angereichert werden.

Die Entnahme von Wasserpflanzen sollte stets vorsichtig vorgenommen werden, um das Leben im Gartenteich so wenig wie möglich zu stören.

Pflegemaßnahmen im Herbst

Die Farben des Herbstes erfreuen uns jedes Jahr aufs Neue. Diese Farbenpracht erinnert uns als Gartenteichbesitzer auch daran, dass nun bald die Blätter fallen. Sobald sie ins Wasser gelangen, sind sie unerwünschte Biomasse, die wir entfernen müssen bevor sie verrotten, Sauerstoff zehren und mit ihren Nährstoffen das Wasser belasten. Insbesondere die Blätter bzw. Nadeln von Nuss- und Nadelbäumen haben wegen ihrer Inhaltsstoffe eine schädliche Wirkung für den Teich. Auch wenn wir den Gartenteich nicht direkt unter Bäumen angelegt haben, besteht immer wieder die Gefahr, dass Blätter, Zweigstückchen, Früchte oder Samen hineingelangen. Dem Laubeintrag kann man durch Überspannen des Teichs mit Netzen entgegenwirken. Das Netz darf dabei nicht im Wasser liegen. Durch Spannen von tragfähigen Schnüren oder dem kreuzweise Verlegen von Stangen kann dies verhindert werden. Wegen der Vogelwelt muss hier aber mit entsprechender Vorsicht vorgegangen werden.

Verbleiben die Fische und manche Amphibien im Gartenteich, dann sind aus älteren Teichen auf jeden Fall auch Schlammablagerungen im Herbst zu entnehmen. Dabei sollte man nie den gesamten Teichboden, sondern nur einen Teil entschlammen, da sich im Schlamm auch wichtige Mikroorganismen und wirbellose Wasserbewohner (Schnecken, Wasserasseln, Insekten und ihre Larven) befinden. Etwa ein Viertel bis maximal ein Drittel sollte entnommen werden, da im Boden für den Teich wichtige biologische und biochemische Prozesse des Stickstoffkreislaufs ablaufen. Beachtet man dies, so wird der Teich sich schneller von dem Eingriff erholen und das ökologische Gleichgewicht bald wieder hergestellt sein. Der Fachhandel bietet zum Schlammabsaugen unterschiedlich teure Gerätschaften an. In kleineren Teichen kann auch ein feinmaschiger, stabiler Kescher eingesetzt werden. Den ausgehobenen Schlamm gibt man in eine Wanne, um entnommene Wassertiere wie Schnecken, Wasserasseln, Käfer, Insektenlarven abzusammeln und in den Teich zurückzuführen.

Um einer Sauerstoffzehrung vorzubeugen, muss das Falllaub aus dem Wasser entfernt werden.

Um den Nährstoffeintrag zu reduzieren, sollte man ab einer Wassertemperatur von 12 °C die Fütterung der Fische einstellen. Fische nehmen bei diesen Wassertemperaturen kaum noch Futter auf und stellen die Nahrungsaufnahme schließlich bei 5–7 °C gänzlich ein.

Wenn der Herbst eingekehrt ist, gilt es den Gartenteich auf den Winter vorzubereiten.

Bereits ab Ende August/Anfang September stellen sich die Sumpfpflanzen, aber auch einige Wasserpflanzen auf die kalte Jahreszeit ein. Zug um Zug werden die Lebensprozesse zurückgefahren; schließlich verwelken und zersetzen sich die Blätter, die Winterruhe der Pflanzen beginnt. Wegen der damit einhergehenden Wasserbelastung werden das Entfernen der Blätter von Seerosen und anderen Schwimmpflanzen sowie das Auslichten der Unterwasserpflanzen empfohlen. Auch diese Maßnahme hilft in der kalten Jahreszeit den für Fische und für die im Gewässer verbleibenden Amphibienarten tödlichen Sauerstoffmangel und die Faulgasbildung zu vermeiden. Dagegen sollte man die im Herbst absterbenden Blätter und Stängel von Ufer- und Röhrichtpflanzen jedoch bis zum Frühjahr stehen lassen, denn viele Libellen und andere Insekten haben ihre Eier an oder in den Blättern und Stängeln abgelegt.

Nicht winterharte Pflanzen können durch Absenken der Kulturtöpfe in den Tiefenbereich des Teichs die kalte Jahreszeit überdauern. Ansonsten sind sie zur »Überwinterung« aus dem Wasser zu nehmen und in geeigneten Behältnissen in einem kühlen, aber frostfreien Raum feucht zu halten.

Da manche Amphibienarten in Teichnähe oder im Garten unter Laub, Totholz (Molche), Baumstubben, in Erdverstecken (u. a. Unken) überwintern, ist beim herbstlichen Aufräumen im Garten Vorsicht geboten.

Bauen Sie für die Amphibien ein frostfreies Winterquartier! Dazu hebt man eine 100 x 100 cm messende und 80–100 cm tiefe Grube aus und füllt diese locker mit groben Steinen, Holz- und Rindenstücken von Laubbäumen, Falllaub, Moos sowie Erde so weit auf, dass sich ein kleiner Hügel bildet. Anschließend wird das Winterquartier mit Holzbrettern oder Steinplatten abgedeckt; die Wintergäste können einziehen.

Pflegemaßnahmen im Winter

Der Winter ist die Zeit der Ruhe in der Natur. Die Lebensprozesse im Gartenteich sind jetzt auf ein Minimum reduziert. In dieser Jahreszeit bedarf der Gartenteich nur noch eines geringen Pflegeaufwandes. Einige Arbeiten müssen jedoch rechtzeitig erledigt werden, um die Teichbewohner möglichst wenig in ihrer Winterruhe zu stören. Insbesondere muss man sich Gedanken machen, wie verschiedene Tierarten über den Winter kommen.

Bei einer »Überwinterung« von Fischen in einem Zimmeraquarium darf man mit dem Umsetzen nicht zu lange warten. Bei kälteempfindlichen Fischarten muss dies bei einer Wassertemperatur von etwa 15 °C erfolgen. Es ist darauf zu achten, dass das Aquarium nicht mit Leitungswasser, sondern mit Gartenteichwasser befüllt wird. Die handelsübliche Aquarientechnik hilft dabei, das Wasser klar und sauerstoffreich zu halten. Damit unsere Pfleglinge gesund bleiben, sind die Aquarien nicht zu klein zu bemessen. Etwa 5 Liter Wasser je fingerlangem Fisch sind das Mindestangebot an Raum, was wir unseren Fischen anbieten müssen. Bei größeren Exemplaren entsprechend mehr. Möchte man Fische und manche Amphibien jedoch im Gartenteich überwintern lassen, muss der Teich in einem Bereich mindestens 80–100 cm Tiefe haben. Dadurch wird verhindert, dass Fische, Amphibien und andere Wassertiere in strengen Wintern im Eis eingeschlossen werden. Hat sich eine Eisdecke gebildet, muss ein Betreten und Aufhacken des Eises unterbleiben, um die Tiere in ihrer Ruhephase nicht zu stören. Fische, die im

Im Winter kehrt Ruhe am Gartenteich ein. Die Lebensprozesse sind auf ein Minimum reduziert.

Stimmungsvolle Raureifbilder entschädigen im Winter den Betrachter in der lebensarmen Zeit am Gartenteich.

Winter aufgeschreckt werden, verbrauchen ihre Energiereserven und gehen zugrunde.
Ein wichtiger Punkt ist die Sauerstoffversorgung der Teichbewohner und deren Gefährdung durch Faulgase. Auch im Winter arbeiten Bakterien im Gewässerboden und zersetzen organisches Material. Dabei entstehen giftige Gase (u. a. Schwefelwasserstoff), die bei geschlossener Eisdecke nicht entweichen können und Fische sowie im Gartenteich überwinternde Frösche, aber auch junge Molche töten. In jedem Fall ist es vorteilhaft einen kleineren Abschnitt der Wasseroberfläche vom Eis frei zu halten. Dies kann mit Hilfe eines Eisfreihalters aus Styropor geschehen, der im Zoofachhandel erhältlich ist. Der Eisfreihalter wird über der tiefsten Stelle mit Schnüren auf der Wasseroberfläche schwimmend verankert; die giftigen Gase können über eine Öffnung entweichen.
Optimal ist der zusätzliche Einsatz einer Membranpumpe mit Luftschlauch und einem Ausströmer. Das Schlauchende mit dem Ausströmer hängt man am besten über der tiefsten Stelle nur etwa 5–10 cm tief ins Wasser. Die aufsteigenden Luftblasen durchmischen das Wasser und transportieren wärmere Wasserschichten an die Oberfläche. Dadurch wird Eisbildung an dieser Stelle verhindert. Es ist zu beachten, den Ausströmer nicht zu tief zu hängen oder zu stark einzustellen. Einerseits könnte Sauerstoff zehrender Schlamm aufgewirbelt werden; anderseits werden die Wasserschichten zu stark durchmischt, sodass der ganze Teich abkühlt und letztendlich bis zum Boden durchfriert. Dies würde den Tod vieler Teichbewohner bedeuten.
Zur Sauerstoffversorgung kann man auch einen Oxidator verwenden. Dies ist ein mit Wasserstoffperoxid gefülltes Gefäß mit einem Katalysator aus Spezialkeramik. Auf dem Teichboden platziert, wird Sauerstoff an das Wasser abgegeben.
Dagegen ist das vielfach erwähnte Einbringen von Strohbündeln für die Sauerstoffversorgung der Teichbewohner nicht geeignet. Die Strohhalme saugen sich mit Wasser voll und frieren durch, eine Sauerstoffzufuhr ist dadurch unterbunden. Außerdem zersetzt sich das Stroh, verschlechtert die Wasserqualität und trägt zur Sauerstoffzehrung bei.
Die Stängel, Blätter und Samenstände der Ufer- und Sumpfpflanzen, die nicht ins Wasser hängen, sollte man auf jeden Fall stehen lassen. Einerseits können sie Vögeln in der kalten Jahreszeit Nahrung bieten, andererseits überwintern Insekten oder deren Eier darin, aus denen im Frühjahr dann die Larven schlüpfen. Außerdem nutzen die Pflanzen über den Herbst und den Winter die Nährstoffe aus dem Stängeln.

Wie Tiere überwintern

Ein Großteil unserer Wasserbewohner kann im Winter, der mit Eis und Kälte das Pflanzenleben in den Gewässern weitgehend zum Absterben bringt, nicht flüchten und wie die Zugvögel in den warmen Süden ziehen. Viele absterbende Wasserpflanzen bilden noch vorher rechtzeitig rundliche »Winterknospen« aus. Hierbei handelt es sich um verkürzte Sprossteile mit vielen dicht stehenden, kleinen, nährstoffreichen Blättchen. Diese sinken auf den Gewässergrund, um im Frühjahr wieder neu auszutreiben. Diese Möglichkeit der Pflanzen steht den Wassertieren natürlich nicht offen.
Auch wenn keine Eisdecke den Blick in den Gartenteich versperrt, suchen wir jedoch oft vergebens nach Wassertieren. Die Wasserbewohner sind natürlich nicht alle im Herbst gestorben, um im Frühling wieder aus dem Nichts zu entstehen. Bei ihnen bedingt eine Kombination von Faktoren das Überwinterungsverhalten. Generell werden die Stoffwechselvorgänge und die Atmung der Tiere auf ein Minimum heruntergefahren. Dies ist eine Erscheinung, die ausschließlich mit einer Anpassung an niedrigere Wassertemperaturen zu sehen ist. Sie bringt natürlich einen großen Vorteil mit sich: In der kalten Jahreszeit, wenn das Nahrungsangebot grundsätzlich gering ist, wird der Nahrungs- und Energiebedarf niedrig gehalten. Dadurch vermögen Tiere die nahrungsarme Jahreszeit im Gewässer – zumindest von der ernährungsbedingten Seite her – ohne größere Verluste zu überstehen. Wassertiere wenden aber auch oft besondere Strategien an, um über die lebensfeindliche Jahreszeit zu kommen.
Ein Großteil unserer einheimischen Amphibienarten (z. B. Erdkröte, Knoblauchkröte, Wechselkröte, Grasfrosch), die schon bald nach der Laichzeit das Wasser wieder verlassen, sucht ab dem Spätsommer, spätestens im Herbst ihr Winterquartier an Land auf. Wasserfrösche und junge Molche verbringen jedoch in der Regel die Wintermonate im Bodenschlamm der Gewässer.
Vor allem für Fische ergibt sich so manche Schwierigkeit, wenn es darum geht, die kalte Jahreszeit zu überstehen. Durch die geringere Sonneneinstrahlung fehlt es jetzt im Gartenteich an Licht, Wärme, Pflanzenwachstum, Sauerstoff und Nahrung. Zusätzlich verschlechtern die Reste abgestorbener Wasserpflanzen und -tiere die Wasserqualität. Fische graben sich zur Überwinterung im Schlamm ein oder stehen an der tiefsten Stelle im Teich und reduzieren die Herzschlagfrequenz, um möglichst wenig Energie zu verbrauchen. Bei einer Wassertemperatur unter 5 °C wird die Nahrungssuche und -aufnahme eingestellt.
Sollen die Fische im Teich verbleiben, muss letzterer in diesem Fall aber mindestens 80–100 cm tief sein, ansonsten muss man die Tiere im Aquarium über den Winter bringen. Über die notwendigen Vorkehrungen hierfür wurde bereits an anderer Stelle berichtet (vgl. S. 120).
Auch andere Tierarten, etwa verschiedene Vertreter der Insekten, überwintern ganz gezielt im Gartenteich in der 4 °C warmen untersten Wasserschicht oder im Schlamm. Beispielsweise überstehen die meisten Libellen und viele Wasserkäfer den Winter als Larven im Teich. Dort sind sie gut vor Feinden und klirrender Kälte geschützt. Auch die Köcherfliegenlarven verbringen die kalte Jahreszeit unter Wasser. Voraussetzung dafür ist natürlich, dass der Teich

eine ausreichende Tiefe besitzt, also nicht durchfriert.
Gewässer besiedelnde Wanzen (u. a. Wasserläufer, Teichläufer), die in der warmen Jahreszeit die Oberfläche ruhiger Gewässer bevölkern, suchen ab den späten Herbstmonaten Verstecke an Land auf. Die Stabwanze übersteht als Vollinsekt zweimal den Winter, in der Regel im Wasser. Der Wasserskorpion überwintert dagegen sowohl im Wasser als auch an Land. Ebenfalls im Wasser verbringen der Zwergrückenschwimmer, der Gewöhnliche Rückenschwimmer und die Schwimmwanze als Vollinsekt die Wintermonate. Je nach Insektenart können aber auch Eier (meist in Pflanzengewebe versenkt) oder Puppen (teilweise beim Gelbrand) den Winter überdauern.
Andere Tierarten wie die Spinnen, aber auch Vertreter der Insekten verkriechen sich zur Überwinterung zwischen den eng anliegendenden Blättern abgestorbener Sumpf- und Uferpflanzen (u. a. Schilf, Rohrkolben).
Auf eine besonders interessante Überwinterungsstrategie sei noch hingewiesen: Wasserflöhe, die im Sommer teilweise massenhaft auftreten können, sucht man im Winter vergeblich im

Fische, Amphibien und andere Wassertiere können im Gartenteich nur überwintern, wenn dieser wenigstens 80–100 cm tief ist.

Wasser. Die Wasserflöhe haben sich an das jahreszeitlich so unterschiedliche Leben im Teich mit einem üppig gedeckten Tisch im Sommer und bei eisiger Kälte mit leeren Vorratskammern in genialer Weise angepasst. Bei gutem Algenwachstum im Sommer muss ihre Entwicklung sehr schnell gehen, wollen sie die Nahrungsreserven optimal ausnutzen. In dieser Zeit erfolgt die Fortpflanzung ohne Männchen ausschließlich durch Jungfernzeugung, es werden in kurzer Zeit hohe Nachkommenzahlen erreicht. Im Spätherbst, wenn die Nahrungsgrundlagen nicht mehr ausreichen, entstehen aus den Eiern nicht nur Weibchen, sondern auch Männchen. Diese befruchten dann die Weibchen und es entwickeln sich Dauereier, die auf den Teichgrund sinken, um dort den Winter zu überstehen. Im Frühling entwickeln sich dann wieder nur Weibchen – der Jahreszyklus beginnt erneut.

Literatur

Blab, J., & Vogel, H. (2002): Amphibien und Reptilien erkennen und schützen. BLV Verlagsgesellschaft, München

Franke, W. (2004): Gartenteiche. BLV Verlagsgesellschaft, München

Gebhardt, H., & Ness, A. (2003): Fische. BLV Verlagsgesellschaft, München

Hagen, Peter (2001): Teichbau und Teichtechnik. Eugen Ulmer, Stuttgart

Jurzitza, G. (2000): Der Kosmos Libellenführer. Kosmos, Stuttgart

Klausnitzer, B. (1996): Käfer im und am Wasser. Die Neue Brehm-Bücherei Band 567. Westarp Wissenschaften, Magdeburg

Krausch, H.-D. (1996): Farbatlas Wasser- und Uferpflanzen. Eugen Ulmer, Stuttgart

Ludwig, H.W. (2003): Tiere und Pflanzen unserer Gewässer. BLV Verlagsgesellschaft, München

Ludwig, M., Gebhardt, H., Ludwig, H.W., & Schmidt-Fischer, S. (2000): Neue Tiere und Pflanzen in der heimischen Natur. BLV Verlagsgesellschaft, München

Müller, V., & Schmidt, W. (2002): Schildkröten im Gartenteich. Natur und Tier-Verlag GmbH, Münster

de Saint-Paul, A., Brand, I., & Schmidt, W. (2001): Amphibien am Gartenteich. Natur und Tier-Verlag GmbH, Münster

Stein, S. (2002): Gartenteiche. Einfach nachmachen... BLV Verlagsgesellschaft, München

Streble, H., & Krauter, C. (2002): Das Leben im Wassertropfen. Kosmos, Stuttgart

Vilcinscas, A. (2003): Fische. BLV Verlagsgesellschaft, München

Stichwortverzeichnis

Bildnachweis:
Franke: 9
Grabow: 73o, 73u, 89, 97l, 98
Hecker: 4o, 4u, 6, 10, 14, 22, 23, 25o, 33, 34, 35o, 37, 38u, 43, 47u, 48o, 56, 57, 58ur, 68, 69o, 70o, 75o, 76o, 78u, 80u, 90, 91, 101l, 101r, 102u, 103
Kögel/Eisenbeiss: 71u, 72o
König: 1
Limbrunner: 12, 48u, 50, 52, 54, 55, 100, 104u, 105, 109, 113
Pforr: 5, 13, 18u, 42u, 45ur, 58o, 60u, 62o, 72u, 75u, 78o, 81, 83o, 82, 85u, 102o, 106, 110, 115u, 117, 118
Pott: 16, 25u, 46, 51, 79, 87o
Reinhard: 2/3, 11u, 18o, 28, 35u, 36, 40, 41
Sakanaya (Robert Hilble, Fischwirtschaftsmeister, Edelsbrunn 1, 94501 Aldersbach, Tel.: 0 85 43/91 73 23): 42o
Sammer: 26, 114, 116, 119, 120, 121, 123
Sauer/Hecker: 24, 45ul, 59, 70u, 71o, 77r, 77l, 80o, 84l, 84r, 85o, 86o, 86u, 92, 95o, 95u, 96, 97r
Scheurig: 27
Wothe: 58ul, 87u, 93, 94, 99, 104o
Zeininger: 15, 21, 31, 38o, 39, 44, 45ol, 47o, 49, 53, 60o, 61u, 62u, 63, 64, 65o, 65ul, 67, 88, 107o, 107u, 108

Grafiken:
Hoffmann: 110
Ring: 19

Bibliographische Information
Der Deutschen Bibliothek
Die Deutsche Bibliothek verzeichnet diese Publikation in der Deutschen Nationalbibliografie; detaillierte bibliografische Daten sind im Internet über http://dnb.ddb.de abrufbar.

BLV Verlagsgesellschaft mbH
München Wien Zürich
80797 München

Umschlaggestaltung: Anja Masuch, Puchheim b. München
Umschlagfotos:
Vorderseite: Manfred Porr
Rückseite: Zeininger

Lektorat: Dr. Friedrich Kögel
Herstellung: Angelika Tröger
Layout und Satz: Walter Webegrafik, Gundelfingen
Reproduktionen: Ludwig Prepress & Multimedia GmbH, A-Zell am See

Gedruckt auf chlorfrei gebleichtem Papier

Printed in Germany
ISBN 3-405-16712-4

Rund um den Wassergarten

Wolfram Franke
Faszination Gartenteich
Teichanlage mit verschiedenen Materialien, ökologische Zusammenhänge, Bepflanzung, Tiere im und am Gartenteich.

Wolfram Franke
Der Traum vom eigenen Schwimmteich
Das Praxisbuch für Planung und Ausführung des Schwimmteichs mit allen wichtigen Informationen zu Technik, Bepflanzung und Pflege; Schwimmteich-Beispiele mit Plänen und Kostenaufstellung.

Garten-Rezepte
Siegfried Stein
Gartenteiche
12 Gestaltungsideen zum Nachmachen: Terrassengarten mit Bach, großer Teich mit üppiger Randbepflanzung, fernöstlicher Teich, tropisches Wasserparadies, Fertigteich, Sitzplatz am Wasser, Bachlauf, Schwimmteich u.v.m.; Praxis: Planung, Anlage, Pflanzen, Pflegen.

blv garten plus
Wolfram Franke
Gartenteiche
Gestaltungsbeispiele für Teiche und Bäche, Planung und Anlage Schritt-für-Schritt, Pflanzen und Tiere im und am Wasser, Teichpflege.

BLV Bestimmungsbuch
Herbert W. Ludwig
Tiere und Pflanzen unserer Gewässer
Das umfassende, bestens illustrierte Bestimmungsbuch: Lebensraum und Biologie der Tiere und Pflanzen; Beurteilung der Gewässergüte.

Josef Blab / Hannelore Vogel
Amphibien und Reptilien erkennen und schützen
Lurche und Kriechtiere: Kennzeichen, Entwicklungsstadien, Lebensraumansprüche, Wanderungen, Nahrung usw.